LE

GUIDE DU PÈLERIN

POUR

L'OSTENSION SEPTENNALE

DU

PRÉCIEUX CHEF DE L'APOTRE SAINT MARTIAL

ET DES AUTRES SAINTES RELIQUES

Et erit sepulchrum ejus gloriosum.

ISAIE, XI, 10.

LIMOGES

BARBOU FRÈRES, IMPRIMEURS-LIBRAIRES.

AVERTISSEMENT

Reprenant un usage au moins deux fois séculaire, nous offrons aux Fidèles ce tout petit volume pour guider et éclairer leur piété pendant la sainte période de l'*Ostension*.

Avec l'éloquente Instruction pastorale qu'a publiée Monseigneur l'Evêque à l'occasion de l'Ostension prochaine, ce petit volume contient quelques notes sur l'origine de cette solennité.

Il donne ensuite la liste des Reliques que les paroisses de la Ville Episcopale et quelques autres du Diocèse conservent dans le trésor de leurs églises, et il indique les prières liturgiques qu'on peut réciter devant ces Restes vénérés.

Puisse-t-il aider les Fidèles à passer saintement le temps béni de l'Ostension, et attirer ainsi sur notre Ville, sur ce Diocèse, sur la France et sur l'Eglise les bénédictions du Ciel !

Imprimatur,
Lemovicis, die 23 martii 1876

† ALFRIDUS
Episc. Lemovicensis

A

LA PLUS GRANDE GLOIRE DE DIEU

ET A L'HONNEUR DE

L'APOTRE SAINT MARTIAL

QUELQUES NOTES (1)

SUR LES OSTENSIONS

ET

SUR LE CULTE DE L'APOTRE SAINT MARTIAL

Chaque période septennale ramène pour la Ville et le Diocèse de Limoges la solennité de l'Ostension du précieux Chef de l'Apôtre saint Martial et des autres Saintes Reliques.

Ces fêtes propres et particulières à la province du Limousin consistent dans l'exposition solennelle des Reliques de saint Martial et des autres Saints; elles remontent à une très-haute antiquité et tirent leur origine des nombreuses translations qui furent faites à diverses époques du corps de notre grand Apôtre.

(1) Ces notes sont à peu près extraites soit du livre sur les Ostensions de M. Maurice Ardant, soit de l'ouvrage de M. l'abbé Texier sur le culte et l'authenticité des Reliques de saint Martial.

Ces translations avaient lieu tantôt pour dérober ce précieux trésor aux Normands qui, à plusieurs reprises, ravagèrent nos contrées, tantôt pour demander à Dieu, par l'intercession de son fidèle Serviteur, la cessation des fléaux ou des calamités publiques, tantôt aussi pour satisfaire la dévotion des Papes, des Rois, des Empereurs, des Princes et d'autres grands et saints p rsonnages de passage dans notre cité.

La première de ces translations se fit en 832, en présence de l'empereur Louis le Débonnaire, au milieu d'une nombreuse affluence, à l'occasion de la dédicace solennelle de l'Eglise de Saint-Sauveur, appelée plus tard Basilique royale de Saint-Martial.

Les fréquentes incursions des Normands forcèrent les gardiens du tombeau de saint Martial à transporter, à trois reprises différentes, en lieu sûr le corps du saint Apôtre.

C'est ainsi qu'en 842, il fut transporté à Turenne, dont le château passait pour imprenable; mais il fut replacé la même année dans son sépulcre. Quatre ans plus tard, en 846, il fut porté dans le château-fort de Solignac, où il resta deux ans. De nouveau inquiétés par les barbares du Nord, les habitants de Limoges durent se séparer encore, en 885, des Restes sacrés de leur Père et les transporter une seconde fois à Turenne, où ils demeurèrent pendant neuf longues années. Le souvenir de ces translations a été consacré par une fête qui se célèbre chaque année le 10 octobre.

Toutefois, la plus remarquable de ces translations fut celle qui eut lieu, en 994, à l'occasion du *mal des ardents*, elle fut, à proprement parler, la *première Ostension*.

Les Reliques du saint Apôtre environnées des Châsses des Saints de la contrée furent portées solennellement sur une colline qui domine la ville. Là, au milieu d'un immense concours du Clergé et des Fidèles, de ferventes prières furent adressées par la médiation puissante de saint Martial, à Dieu qui daigna les exaucer : car la contagion cessa subitement.

Par reconnaissance, on bâtit une Eglise en l'honneur de saint Martial sur cette colline, qui depuis porta le nom de *Mont-Jauvi* ou *Mont-de-Joie*. En mémoire de ce miracle, on célèbre chaque année, le 12 novembre, la fête de *saint Martial-des-Ardents*.

Pendant le XIe siècle, il se fit encore plusieurs translations restées célèbres.

En 1019, l'Evêque de Limoges Gérald et l'abbé de Saint-Martial accompagnèrent les Reliques de notre Apôtre à Saint-Jean d'Angély, où l'on fit de grandes fêtes, à la suite de l'Invention d'une partie du Chef de saint Jean-Baptiste.

En 1029, la châsse de saint Martial fut portée processionnellement dans l'Eglise Cathédrale, où siégeait le Concile de la Province de Bourges. Les Pères de ce Concile reconnurent solennellement

1..

l'*Apostolat* de notre premier Evêque, du fondateur de l'Eglise de Limoges.

Le *mal des Ardents* ayant reparu en 1094, les habitants de Limoges, se souvenant du prodige accompli cent ans auparavant, exposèrent les Reliques de saint Martial dans son Eglise de Mont-Jauvi, afin de demander la cessation de la contagion ; ils l'obtinrent en effet.

L'année suivante, le Pape Urbain II, venant de Clermont où il avait prêché la croisade, s'arrêta plusieurs jours à Limoges pour y célébrer les solennités de Noël. Pendant son séjour, il consacra la Basilique de Saint-Martial et fit une translation des Reliques du Saint.

On croit que ce fut Urbain II lui-même qui détacha le Chef du corps du saint Apôtre. Toujours est-il que, trente-cinq ans plus tard, le précieux Chef de saint Martial fut retrouvé dans une cassette d'or sous le maître-autel de la Basilique.

A dater de la fin du XIe siècle, les chroniqueurs ne parlent plus de translations des Reliques de notre saint Apôtre : ils disent qu'on se bornait à *montrer* la sainte Relique au peuple dans certaines occasions.

Cependant, on ne se servit pas encore du terme *ostension* pour désigner ces cérémonies. Ce terme se trouve pour la première fois dans la Chronique du moine Bernard Itier, bibliothécaire et chantre de l'abbaye de Saint-Martial, où il s'y glorifie d'avoir été délégué pour montrer au peuple le précieux

Chef de l'Apôtre pendant toute la journée du 21 novenbre 1211.

Du XIIe au XVIe siècle, il y eut de nombreuses Ostensions. Cette pieuse pratique reçut, à cette époque, de puissants encouragements de la part des Souverains-Pontifes, qui daignèrent concéder de nombreuses indulgences. Mais ces Ostensions ne se faisaient pas à jour fixe ; elles avaient lieu tantôt dans une saison, tantôt dans une autre, suivant l'occasion et le besoin des peuples ; elles étaient de courte durée, souvent elles commençaient le matin pour se clore le soir.

Nous citerons les plus remarquables :

En 1130, le Chef du saint Apôtre, retrouvé sous l'autel-majeur de la Basilique, fut exposé à la vénération des peuples ; plusieurs miracles s'accomplirent durant cette Ostension.

Louis-le-Jeune, accompagné, en 1137, par Suger et, en 1152, par son épouse Eléonore, visita deux fois le tombeau de saint Martial et voulut voir et vénérer ses Restes sacrés.

Trois Chanoines de Lincoln se rendirent, en 1163, à Limoges, avec des lettres de recommandation de leur Evêque, afin de demander des Reliques de saint Martial pour l'abbaye de Neuhus, placée sous le patronage de cet Apôtre. Après quelques hésitations, leurs prières furent entendues, et l'on saisit cette circonstance pour montrer solennellement aux Fidèles le Chef sacré. Puis l'Abbé en détacha quelques fragments qu'il remit aux Chanoines avec quelques parcelles des reliques de la Vierge et Martyre Valérie. Le peuple, par respect pour ces saintes Reliques, reconduisit processionnellement les Chanoines jusqu'aux portes de la cité.

Lors de la bénédiction du monastère de Grandmont, en 1168, l'évêque de Limoges et l'abbé de Saint-Martial portèrent la sainte Relique à cette cérémonie, pour attirer de plus abondantes grâces sur cette maison de prière.

Au mois d'avril 1244, notre grand saint Louis, suivi des reines Blanche de Castille et Marguerite de Provence et de trois de ses frères, vint en pèlerinage au tombeau de saint Martial. On s'empressa de répondre à leurs pieux désirs, en offrant à leur vénération le précieux Chef de l'Apôtre de l'Aquitaine.

Durant ce siècle, le glorieux tombeau reçut la visite de plusieurs têtes couronnées : Philippe-le-Hardi et ses fils ; Edouard, roi d'Angleterre et son épouse ; Philippe, roi de Navarre ; Charles, roi d'Aragon.

En 1306, le Pape Clément V, passant à Limoges avec une nombreuse cour, fut reçu solennellement dans l'abbaye royale. Les religieux ouvrirent la châsse de saint Martial et exposèrent à la vénération le Chef du saint Apôtre. Le Souverain Pontife prit entre ses mains la sainte Relique qu'il avait tant désirée contempler, l'y tint longtemps avec respect, et, les larmes aux yeux, la baisa à plusieurs reprises.

Il fut fait, en 1363, une nouvelle Ostension au milieu d'un concours immense, à l'occasion du passage d'Edouard, prince de Galles et duc d'Aquitaine.

La reine Marie d'Anjou, épouse de Charles VII, s'arrêta à Limoges, en 1435, pour visiter le tombeau de saint Martial et vénérer ses Restes sacrés. En 1438, Charles VII lui-même, avec le Dauphin, qui fut depuis Louis XI, vint, comme pèlerin, au tombeau de l'Apôtre. Le roi Louis XI vint de nouveau en 1462, suivi de plusieurs princes, faire ses dévotions à saint Martial.

En 1494, sainte Jeanne de Valois, fille, sœur et épouse des rois de France, vint en pèlerinage à Saint Martial avec une cour nombreuse. Elle manifesta la plus grande dévotion envers le saint Apôtre.

Dans la première moitié du xve siècle fut établie la célèbre Procession qui se fait aujourd'hui le dimanche de *Quasimodo*, et qui se faisait, avant la révolution, le mardi de Pâques.

Cette Procession, où l'on portait triomphalement la Châsse qui contenait les Reliques de saint Martial, ainsi que les châsses de quelques autres Saints les plus honorés en cette ville, était ordinairement suivie par neuf ou dix mille personnes. Plus de quinze cents hommes ou femmes allaient nu-pieds, un cierge à la main. Et, remarquent les historiens, quoique souvent, à cette époque de l'année, le temps fut froid et pluvieux, personne n'était incommodé.

Ce ne fut qu'au commencement du XVIe siècle, que la solennité de l'Ostension prit ce caractère de périodicité qu'elle a aujourd'hui. Il fut arrêté, après l'Ostension de 1519 ou 1526, que ces cérémonies n'auraient plus lieu que tous les sept ans, au temps pascal. L'ouverture devait se faire solennellement le mardi de Pâques, et la clôture le mardi de la Pentecôte. Cet usage a été suivi très-exactement ; on cite à peine deux ou trois exceptions. En 1547, une peste qui sévissait en Limousin empêcha l'Ostension. Des troubles, causés par les guerres de religion, firent retarder la solennité qui devait avoir lieu en 1568 à l'année suivante. Enfin, la tourmente révolutionnaire empêcha la célébration de celles de 1792 et de 1799. Mais cette pratique séculaire reprit dès 1806 et s'est continuée, malgré les révolutions, jusqu'à nos jours.

Outre ces Ostensions ordinaires et septennales, il se fit aussi, quoique plus rarement, des Ostensions extraordinaires, comme dans les siècles précédents. Les plus remarquables sont les suivantes :

Des membres du Parlement de Bordeaux étant venus à Limoges en 1542 *pour la tenue des Grands Jours*, exprimèrent le désir de vénérer le Chef de l'Apôtre de l'Aquitaine. L'abbé de Saint-Martial accéda à leur pieuse demande et en fit l'Ostension.

Vers la fin de décembre 1556, Antoine de Bourbon, roi de Navarre et son épouse Jeanne d'Albret, vicomtesse de Limoges, passèrent les solennités de Noël dans cette ville, où ils furent reçus avec tous les honneurs dus à leur rang. Ils se rendirent au tombeau de saint Martial, qui fut ouvert à leur occasion, et ils vénérèrent les Reliques du Saint avec les marques de la plus haute piété.

Au mois d'octobre 1605, Henri IV, roi de France et de Navarre, fut reçu à Limoges avec grand appareil. Il se rendit, à son arrivée, à la Basilique royale, où l'Evêque de Limoges, Henry de la Martonie, lui présenta, pour le vénérer, le Chef du saint Apôtre. Le roi le baisa avec respect plusieurs fois et lui fit toucher sa croix et son chapelet.

Quinze ans plus tard, il fut fait une autre Ostension pour Henry de Bourbon, prince de Condé. La dernière Ostension extraordinaire eut lieu en 1781, à la naissance du Dauphin.

Si les Ostensions extraordinaires devinrent plus rares, les Processions où l'on portait en triomphe la Châsse contenant le précieux Chef se multiplièrent. Outre la procession annuelle du *mardi de Pâques*, dont nous avons parlé, on en faisait souvent pour obtenir la bénédiction de Dieu sur les biens de la terre. En effet, dès que des pluies trop abondantes ou des sécheresses trop prolongées menaçaient les récoltes, le peuple se portait en foule au tombeau de saint Martial et demandait qu'on sortît la Châsse de l'Apôtre, soit pour obtenir un temps calme et serein, soit pour obtenir une pluie bienfaisante, et Dieu se plaisait toujours à récompenser la vivacité de cette foi en accordant la grâce demandée au nom de saint Martial.

Il en était de même dans les calamités publiques. Au mois de septembre 1790, un violent incendie se déclara à Limoges et réduisit en cendres plus de deux cents maisons. Comme rien n'arrêtait ce fléau dévastateur, les Fidèles réclament avec instance qu'on organise une procession avec la Châsse de saint Martial. En effet, la sainte Relique sort de sa Basilique, est transportée sur le théâtre de l'incendie, et le feu s'arrête au moment où il allait atteindre le quartier de la Boucherie, dont l'embrasement eût amené la destruction de la ville entière.

Deux mois après, hélas! le 17 décembre 1790, l'ordre ayant été donné de détruire la splendide Basilique, on vit sortir de son sanctuaire, pour n'y plus rentrer, le Chef vénéré de saint Martial. Par ordre supérieur, il fut transféré dans l'Eglise de Saint-Michel-des-Lions. Cette translation se fit au milieu d'une vive émotion populaire, que le régiment de *Royal-Navarre-Cavalerie*, tout entier sous les armes, eut peine à contenir. Les jours mauvais allaient commencer.

En l'année à jamais néfaste de 1793, le 24 janvier, deux officiers municipaux furent délégués par le district pour procéder au dépouillement des Eglises catholiques de la ville de Limoges et pour présider l'ensevelissement, dans les cimetières, des Reliques des Saints. Ils se rendirent donc à Saint-Michel, brisèrent les châsses de saint Martial et de saint Loup, enlevèrent les bas-reliefs en argent dont elles étaient ornées. Les Chefs du saint Apôtre et de son Successeur furent jetés, sans respect, dans un coin de la sacristie.

Cependant, la divine Providence qui voulait arracher à la profanation ces Reliques si précieuses et si chères aux fidèles de cette ville, toucha les cœurs de ces deux hommes. Profitant de la confusion et du désordre qui régnaient en ce lieu, l'un d'eux enleva la mâchoire inférieure du Chef de saint Martial et la porta clandestinement dans sa maison située non loin de l'église ; n'ayant pas osé, à cause de son volume, prendre le Chef tout entier, il le cacha, se proposant de le reprendre plus tard. Pendant son absence, son collègue, mu par une semblable inspiration, prit le Chef du saint Apôtre, le dissimula sous sa houppelande, et le transporta en toute hâte dans sa demeure. Quelle ne fut pas la surprise du premier quand, à son retour, il ne trouva plus la sacrée Relique. Toutefois la prudence l'obligea à ne faire aucune observation, et il ne fit part de son désappointement qu'à sa femme et à quelques intimes.

Les deux municipaux confièrent dès lors les précieuses Reliques à leurs épouses, femmes de grande piété qui étaient loin de partager le *civisme* de leurs maris. Heureuses de se trouver les dépositaires de ces Restes aimés et vénérés, elles les enveloppèrent avec respect dans des étoffes précieuses et les placèrent avec un soin pieux dans l'endroit le plus retiré, mais le plus décent de leur demeure, bien disposées à les rendre à l'Autorité religieuse dès qu'apparaîtraient des jours meilleurs.

En effet, dès que la paix fut rendue à l'Eglise, dès que les temples furent rouverts, et que le clergé put librement exercer le saint ministère, les dépositaires divulguèrent leur secret et se disposèrent à rendre, chacun de leur côté, les deux parties de la précieuse Relique, dont le rapprochement seul aurait suffi pour en établir l'authenticité.

Mgr Jean-Marie-Philippe du Bourg, de sainte mémoire, à peine assis sur le siége de saint Martial, s'occupa avec bonheur de la constatation de l'authenticité de la Relique qui lui était présentée. Il ne se contenta pas du fait si concluant du rapprochement des deux parties de la Relique, pas plus que des dépositions faites sous la foi du serment des deux municipaux : il prescrivit une enquête canonique et fit comparaître devant une commission toutes les personnes religieuses ou laïques qui avaient eu occasion de voir ou de toucher le Chef de saint Martial durant les Ostensions antérieures à la Révolution. Ainsi comparurent plusieurs anciens chanoines ou bénéficiers de la Basilique, et bon nombre d'autres personnes respectables. Tous dirent qu'ayant vu, à diverses reprises, le Chef du Saint, ils le reconnaîtraient facilement à certains signes, qu'ils désignèrent avec une rema·quable précision.

Lorsque l'insigne Relique leur fut montrée, ils furent unanimes à la reconnaître. Puis la réunion des deux parties sauvées par deux voies différentes qui s'adaptèrent parfaitement l'une à l'autre complétèrent la démonstration.

Ainsi la ville de Limoges retrouvait, après dix ans, cette précieuse Relique qui fut sa gloire et la source d'innombrables bienfaits pendant de longs siècles et qui continuera, grâce à Dieu, à être son palladium le plus assuré.

Cette nouvelle répandit une vive joie parmi les fidèles et réveilla leur foi. La grande Confrérie de Saint-Martial se releva de ses ruines, se reconstitua et se prépara à célébrer dignement l'Ostension septennale qu'allait ramener l'année 1806, après une interruption de vingt et un ans.

Cette Ostension fut célébrée avec toute la pompe possible. Grâce au zèle des membres de la Grande Confrérie de Saint-Martial, zèle qui ne s'est jamais démenti, toutes les périodes septennales ont été solennisées suivant l'antique cérémonial. Au jeudi de la Mi-Carême avait lieu l'annonce joyeuse et bruyante de l'Ostension. Le jour de *Quasimodo*, l'Evêque de Limoges faisait l'ouverture solennelle de la châsse contenant le Chef de saint Martial, qui restait exposé jusqu'au dimanche de la Trinité, jour de la clôture de l'Ostension.

Notre siècle a eu aussi ses cérémonies extraordinaires en l'honneur de saint Martial. Mgr Bernard Buissas, ayant réuni un Synode au mois d'octobre 1853 pour promulguer les décrets du Concile de Clermont, voulut faire présider la cérémonie de clôture de cette assemblée par celui-là même qui avait été l'Apôtre, le Père et le premier Evêque de Limoges. La Châsse de saint Martial fut portée processionnellement à la Cathédrale, y resta toute la journée, et fut reportée, le soir, avec pompe dans l'Eglise Saint-Michel.

En 1857, Mgr Florian Desprez, le lendemain de sa prise de possession du siége épiscopal, célébra la sainte Messe au tombeau de saint Martial. Désireux de contempler le Chef de celui qui fut l'Enfant privilégié du Sauveur, il ouvrit la Châsse; vénéra avec bonheur la sainte Relique, et la fit vénérer aux membres du Clergé, aux Confrères de saint Martial et aux Fidèles qui se trouvaient dans l'Eglise.

L'Ostension de 1862 fut célébrée avec une pompe inusitée. Pour rehausser l'éclat de cette cérémonie, déjà si touchante, Mgr Félix-Pierre Fruchaud invita plusieurs Archevêques et Evêques, qui assistèrent à une procession générale d'ouverture, où furent portées toutes les Reliques de la ville épiscopale. Un élan général se répandit dans toute la ville, qui fut pavoisée et décorée avec le meilleur goût. La fête fut véritablement splendide.

Le 15 août 1864, un incendie éclata dans les hauts quartiers de la ville. Excitées par le vent, les flammes dévorèrent en quelques heures plus de cent maisons; l'Eglise Saint-Michel, le quartier si inflammable de la Boucherie couraient les plus grands dangers. Malgré le zèle aussi intelligent qu'infatigable des pompiers et des soldats de la garnison, qu'encourageait la présence de toutes les autorités de la ville, rien n'arrêtait le fléau dans sa course dévastatrice. Alors la voix du peuple se fit entendre : comme en 1790, comme en 1094 et en 994, elle demanda que saint Martial, le Père et le Sauveur de Limoges, sortît encore une fois de son sanctuaire pour sauver de nouveau sa ville de prédilection.

La châsse sortit de l'Eglise Saint-Michel, escortée d'un nombreux Clergé présidé par son Evêque, et suivie d'une foule compacte en proie à la terreur. La procession, après avoir contourné le théâtre de l'incendie, s'arrêta sur la place d'Aisne, d'où l'on pouvait contempler parfaitement toute l'étendue des désastres. Là des supplications furent adressées au saint Protecteur de la ville; et, n'en déplaise aux libres penseurs présents ou à venir, à dater de cet instant, le vent qui attisait les flammes, changea subitement de direction, et pas une maison ne fut désormais atteinte. C'était un nouveau bienfait de notre puissant Thaumaturge.

Aussi, en 1869, la reconnaissance fit-elle déployer de nouvelles magnificences pour l'Ostension septennale. La ville de Limoges avait à payer un tribut d'actions de grâces, elle l'offrit d'un cœur généreux. La splendeur de l'Ostension précédente fut non-seulement égalée, mais même surpassée.

Malgré le temps un peu rigoureux, la procession fut très-belle : la ville se montra fidèle à ses anciennes traditions. Rien ne coûte quand il s'agit de saint Martial.

L'année 1873 ramenait le dix-huitième anniversaire séculaire de la mort de notre glorieux Apôtre et Père. Mgr Alfref Duquesnay voulut célébrer dignement cette date mémorable. La Châsse de saint Martial quitta pour quelques jours l'Eglise Saint-Michel et fut transportée dans l'Eglise Cathédrale, où eut lieu un triduum des plus solennels. Tout contribua à rehausser l'éclat de cette solennité, et la splendeur des décorations, et l'éloquence des orateurs, et le concours empressé des fidèles.

Ne convenait-il pas que les Restes sacrés de Martial revinssent passer quelques heures dans cette Cathédrale bâtie sur l'emplacement du temple qu'il avait purifié et consacré au vrai Dieu sous le vocable d'Etienne, son parent ? Ne convenait-il pas qu'après dix-huit siècles, son Chef sacré revînt voir les lieux d'où sa belle âme était partie pour monter vers son Créateur ?

Par une heureuse coincidence, on célébrait à la même époque le sixième anniversaire séculaire de la fondation de la Cathédrale actuelle : Martial semblait ainsi bénir l'œuvre d'art et de foi entreprise par son quatre-vingt-seizième successeur, l'achèvement de ce superbe édifice, et donner un gage de sa protection au noble Evêque qui le fait revivre par l'éclat des œuvres et la puissance de l'apostolat.

Oui, le bienheureux Apôtre a daigné entendre les prières qui lui ont été adressées pour cette œuvre, et avec l'ouverture de son Ostension nous célébrerons la reprise des travaux pour l'achèvement de cette cathédrale.

Toujours puissant sur le cœur de Dieu, saint Martial nous obtiendra de voir coïncider avec l'Ostension de 1883 la consécration de la Cathédrale achevée. Amen ! Amen ! Amen !

LETTRE PASTORALE

DE

MONSEIGNEUR L'ÉVÊQUE DE LIMOGES

A L'OCCASION
DE L'OSTENSION SEPTENNALE DU PRÉCIEUX CHEF
DE L'APOTRE SAINT MARTIAL ET DES AUTRES
SAINTES RELIQUES.

ALFRED DUQUESNAY, par la grâce de Dieu et du Saint-Siége Apostolique, Evêque de Limoges, Assistant au Trône Pontifical, etc.

Au Clergé et aux Fidèles de Notre Diocèse, salut et bénédiction en Notre Seigneur Jésus-Christ.

NOS TRÈS-CHERS FRÈRES,

Il y a un an, à pareille époque, accomplissant le devoir de Notre charge. Nous vous annoncions la grâce du Jubilé universel. Les espérances que Nous concevions alors se sont en partie réalisées. Des Paroisses entières ont été renouvelées par la prédication évangélique et par la réception des Sacrements ; des âmes, éloignées de Dieu, en se rapprochant de lui, ont retrouvé cette paix qui surpasse tout sentiment ; constatons-le avec reconnaissance, un bien réel a été accompli. Mais nous ne saurions Nous faire illusion, et Nous savons que beaucoup n'ont pas répondu à cet appel de la grâce. Notre saint Père le Pape, qui ne méritera pas seulement le nom de *Grand*, mais qui sera appelé aussi le *Bon*, le *Généreux*, a bien voulu prolonger le Jubilé jusqu'aux Solennités Pascales de cette présente année. Différer davantage ne serait pas seulement de la négligence, ce serait une coupable résistance et une déplorable obstination dans le péché.

Aujourd'hui, N. T.-C. F., Nous avons la joie de vous annoncer comme un autre Jubilé, particulier à Notre Diocèse, et qui semble emprunter à ce caractère de privilége local je ne sais quelle exceptionnelle valeur ; c'est pour nous l'année sainte des *Ostensions*. En vous faisant cette joyeuse annonce, il Nous semble entendre la voix de vos aïeux limousins faire écho, à travers les siècles, à Notre voix épiscopale ; Nous nous rappelons ce que nous avons lu dans vos chroniques et ce qui nous a été rapporté de la pompe de ces Solennités séculaires. Le Psalmiste ne les avait-il pas entrevues et chantées ? Dieu, dit-il, est admirable dans ses saints ; ils ont vu, ô Dieu, votre entrée parmi nous, et les

Princes se sont hâtés de venir; *prævenerunt Principes, Principes Juda, Duces eorum, Principes Zabulon, Principes Nepthali* (1). Voilà bien, dès l'année 994, une *Ostension* à Limoges à laquelle assistent les Archevêques de Bourges et de Bordeaux, les Évêques de Saintes, de Clermont, du Puy, de Périgueux, d'Angoulême, de Limoges, et le Duc Guillaume et l'Abbé de Saint-Martial avec tous ses Frères. Ils gravissent votre colline de *Mont-Jovis*, portant sur leurs épaules ou escortant la châsse de notre Apôtre Martial. Voilà, en 1095, le Pape lui-même, le Pape Urbain II; en 1244, notre glorieux saint Louis avec les reines Blanche et Marguerite: *Prævenerunt Principes.* Là, continue le chantre royal, on voit le jeune enfant, innocent comme Benjamin, et tout ravi d'admiration: *Ibi Benjamin adolescentulus in mentis excessu..* Viennent ensuite les jeunes filles chantant les saints Cantiques: *In medio juvencularum tympanistriarum* (2). Et les Chefs de la Cité; le Prévôt, les Consuls, les Milices urbaines, les Corporations de Marchands et d'Artisans, et le Peuple de la ville, et le Peuple de la campagne. Ils y sont tous avec leurs enseignes deployées, leurs costumes traditionnels, acclamant Martial leur Père, chantant la Vierge Valérie, saluant tous les Saints, glorifiant Dieu, auteur de toute sainteté. Telles ont été nos *Ostensions* pendant

(1) Ps. 67.
(2) Ps. 69.

des siècles, telles elles se sont perpétuées parmi vous, telles Nous allons les revoir dans quelques semaines.

Toutefois, pour que votre piété ne soit pas une impression passagère, Nous voulons, N. T.-C. F., vous rappeler les enseignements de l'Eglise sur le Culte des Saintes Reliques. Cet exposé dissipera les préventions des uns, réchauffera la naïve dévotion des autres, exaltera Dieu et ses Saints, en montrant la haute sagesse des honneurs que nous leur rendons.

I

L'expression par laquelle on désigne dans notre Contrée le culte *septennal* des saintes Reliques a sa racine dans la langue latine. *Ostension* vient du verbe *ostendere,* qui veut dire *montrer, présenter à la vue;* à la vérité, on dirait tout aussi bien *Exposition des Saintes Reliques;* mais conservons notre mot à nous, ainsi disaient nos Pères, nous tenons à dire comme eux; aussi bien le mot *Ostension* peut revendiquer le double baptême de la liturgie catholique et de l'Académie française.

Quant à la chose, à l'institution en elle-même, l'*Ostension,* c'est la vénération, c'est le culte public, solennel et périodique des Reliques des Saints, et plus particulièrement des Saints qui ont vécu dans nôtre Province. Or, N. T.-C. F., qu'y a-t-il de plus conforme aux traditions universelles, à la pratique du Christianisme, au sentiment et à la raison de l'homme que cet usage séculaire des *Ostensions*.

II

Vous êtes en communion avec l'humanité de tous les siècles et de toutes les latitudes. Voilà Israël, obligé de fuir l'Egypte pour échapper à l'esclavage et à la mort, c'est une émigration immense, l'émigration de toute une race. Voyez-vous, au plus épais des bataillons, ce précieux fardeau porté par les hommes les plus beaux et les plus robustes, suivi des yeux de tous avec un religieux attendrissement? Qu'est-ce donc? C'est le trésor de ce peuple, c'est son palladium, le signe de sa promesse, le gage de ses espérances, ce sont les ossements, les *reliques* de son Patriarche Joseph (1). Ils auraient voulu emporter, avec le même soin, les ossements épars de tous leurs proches; du moins ils auront ceux de Joseph, qui personnifie la nation entière, en qui se résument toutes ses gloires comme aussi toutes ses luttes et ses souffrances. Et l'humanité salue ce peuple en marche, sauvant de l'oubli et de la profanation les restes de son illustre ancêtre.

Lequel parmi nous, N. T.-C. F., ne s'est senti

(1) Exode, Ch. 13.

attendri en voyant, dans les relations des explorateurs du Nouveau-Monde, ces peuplades sauvages, refoulées par la civilisation, obligées de quitter le sol où elles avaient planté leurs tentes, y laissant tout, excepté les ossements de leurs vieux parents? Ces hommes, qui n'ont guère de commun avec nous que l'unité d'origine, pratiquent comme nous le culte des Reliques ; leurs caravanes à travers les forêts et les immenses savanes n'ont-elles pas le caractère religieux de nos processions, n'est-ce pas le même principe, n'est-ce pas le même sentiment, surnaturalisé, agrandi chez nous, mais ayant, comme chez les sauvages du Nouveau-Monde, sa racine dans les entrailles même de l'humanité ?

Est-il étonnant que nous, peuple chrétien, fils de l'Evangile, élevés sur les genoux de l'Eglise, cette mère vénérable et cette sage Educatrisse du monde moderne, est-il étonnant que nous professions un culte religieux pour la dépouille mortelle de nos semblables ? Vous vous découvrez devant un cercueil, même inconnu, c'est avec recueillement que vous entrez dans nos cimetières, qui ne sont que d'immenses reliquaires ; vous élevez à vos morts, comme nous à nos Saints, des monuments, vous les couvrez d'inscriptions touchantes, vous les embaumez de fleurs ; en un mot, vous prodiguez à ces dépouilles les témoignages de respect et de tendresse que vous rendiez aux êtres chéris qu'elles rappellent, et, en agissant ainsi, vous suivez les nobles instincts de votre nature. Hélas ! N. T. C.-F., il était réservé à notre siècle de voir des hommes, plus barbares que les sauvages du Nouveau Monde, essayer de donner un démenti à cette religion naturelle. Ils ont inventé *l'enterrement civil*. Nul ne s'y trompe, et, malgré leurs rangs pressés, malgré leurs harangues sonores, malgré leurs bouquets d'immortelles, symboles trompeurs d'une croyance qu'ils *répudient*, on ne voit dans leurs scandaleuses manifestations que ce qu'il y a en réalité, la profanation du corps de l'homme, la profession d'un matérialisme abject, l'abdication de toute espérance, l'assimiliation de l'homme à la bête... Vous avez beau faire, par vos *enfouissements*, que je ne veux même pas appeler *civils*, vous ne parviendrez jamais à déraciner de nos âmes le sentiment de la dignité du corps de l'homme, et partant le culte des Saintes Reliques.

III

Le christianisme, en effet, en élevant jusqu'au culte religieux, et en popularisant la vénération des restes humains, n'a fait qu'agrandir et consacrer un des meilleurs instincts de notre nature. Les vrais ancêtres du chrétien, N. T.-C. F., ce sont les Saints. Ils vous appartiennent par leurs travaux, par le patrimoine de vérités et de vertus qu'ils vous ont légué ; leur séculaire et incontestable noblesse vous a été transmise par le saint Baptême qui vous a incorporés à la grande famille chrétienne. Celui qui dédaignerait cette noblesse montrerait qu'il a l'âme bien peu fière et qu'il se résigne à n'être plus qu'un membre déchu de cette illustre lignée. Ils sont nombreux et grands nos ancêtres chrétiens, et nous pouvons revendiquer pour eux toutes les gloires et toutes les illustrations : les uns ont l'éclat du génie, les autres l'intrépidité de la lutte et la palme du triomphe ; ceux-ci ont été des héros de dévouement, ceux-là de parfaits modèles des vertus religieuses, sociales et domestiques ; tous ont une incomparable grandeur, une stature de géants, une divine beauté qui s'impose à notre admiration.

A de tels aïeux ne convenait-il pas de rendre de solennels hommages? C'était la pensée et c'était la pratique des premiers chrétiens. Nous les voyons disputer aux eaux du Tibre et aux égoûts de Rome païenne les victimes des persécutions ; ils trempent des linges dans le sang des Martyrs, ils rachètent au prix de l'or leurs Restes vénérés; on les enchâsse dans les plus riches métaux, on les baise, on les encense, on les ensevelit dans les Catacombes, en attendant qu'on puisse leur élever des temples et leur consacrer des autels.

Vous le voyez, N. T.-C. F., nos *Ostensions* septennales sont aussi conformes à la pratique de l'antiquité chrétienne qu'elles sont en harmonie avec les plus respectables sentiments de la nature. Mais d'où vient à cette poussière, à ce sang, à ces débris humains tant d'excellence et de dignité? Quelle est la raison et de ce sentiment de respect, naturel à l'homme, et de la conduite de l'Eglise? Rien n'est plus glorieux pour l'homme, rien n'est plus consolant pour le chrétien.

IV

Un grand naturaliste, qui était en même temps un grand philosophe, après avoir fait la description du corps de l'homme, disait qu'il venait de chanter le plus bel hymne en l'honneur de la Divinité. Bossuet, Fénelon et beaucoup d'autres grands esprits ont splendidement prouvé l'existence de Dieu par la beauté et la merveilleuse structure du corps humain. Quel est en définitive le principe vrai de sa valeur? Ce n'est ni la perfection de ses organes, ni la régularité de ses formes, ni la finesse de ses tissus, ni la flexibilité de ses mouvements, ni l'harmonie de ses diverses parties. Tout cela est beau, sans doute, c'est une merveilleuse architecture, mais enfin tout cela c'est de la matière, disons le mot, dût notre orgueil mal placé et notre délicatesse en souffrir, tout cela c'est de la poussière et de la boue : *Memento, homo, quia pulvis es et in pulverem reverteris*. O vous qui vous laissez fasciner par les charmes de la beauté humaine, ô vous qui faites de votre corps une idole et qui lui sacrifiez tout jusqu'à l'honneur et à l'éternité, songez donc à l'heure où il ne sera plus que ce je ne sais quoi qui n'a plus de nom, considérez-le, si vous l'osez, dans ce mystérieux et dissolvant travail de la tombe, alors que vous serez contraints, comme Job (1), à dire à la pourriture : *Vous êtes mon père ;* et aux vers : *Vous êtes ma mère et ma sœur.* Cherchons donc ailleurs que dans la beauté, la vigueur et la jeunesse, le principe de la grandeur du corps humain et des respects qui lui sont dus. C'est parce qu'il est uni à l'âme, substance immatérielle, image de Dieu, comme Dieu, intelligente et libre; c'est l'âme qui anime et vivifie tout le corps; l'éclair du regard, la sereine majesté du front, la mobilité de la physionomie, le pli dédaigneux ou la bienveillante expression des lèvres, le sourire, les larmes, ce sont les manifestations de l'âme, tantôt radieuses d'espérance et d'amour, tantôt terribles de menaces et de colère, rappelant toujours Dieu dont elle est la vivante image.

Cependant le corps de l'homme n'est pas seulement comme une toile sur laquelle l'âme reflète son mouvement et sa vie. Il est le coopérateur, le compagnon, le frère de cette céleste sœur. Il est associé aux plus hautes fonctions de l'intelligence, participe aux élans du cœur, coopère à ses dévouements les plus héroïques. La sueur qui coule du front de l'infatigable travailleur a sa noblesse; il est généreux et pur le sang du guerrier; ils sont

(1) Job, C. 17, v. 14.

beaux les pieds de l'Apôtre; elles sont saintes les mains de la sœur hospitalière qui panse les plaies du malade. Ah ! oui, il est radieux de gloire et de beauté le corps carbonisé du diacre Laurent étendu sur le gril; il est vénérable le corps d'Antoine amaigri par les pénitences; il est digne de toute mon admiration le corps de François d'Assise, tout rayonnant des stigmates de Jésus crucifié. Non, non, le corps de l'homme n'est point un vulgaire serviteur, c'est le frère bien-aimé de l'âme; je ne les sépare ni dans mon culte, ni dans les espérances que j'ai de leur éternelle béatitude.

En effet, cette mystérieuse union ne doit pas finir avec le temps présent, elle est indissoluble et éternelle. Qu'ai-je donc dit tout-à-l'heure quand je jetais une parole de mépris au corps, lui rappelant qu'il n'était que poussière et boue. Je désavoue cette parole, d'abord parce que, bien que rigoureusement exacte, elle est insultante. et il n'est pas généreux d'insulter un athlète qui momentanément a été vaincu. Et puis, j'entends, j'entends le Prophète de Dieu, il m'initie à la vision d'outre-tombe; je l'entends qui de sa puissante voix s'écrie : « Ossements desséchés, écoutez la parole de Dieu : *Ossa arida, audite verbum Dei* » (1). Et j'ai vu cette poussière qui s'animait, ces ossements qui s'agitaient et semblaient reverdir, et des nerfs se formaient et des chairs les recouvraient, et l'âme,

(1) Ezech., 37. 4.

accourue de son séjour, rentrait dans son domaine, et tous ces corps se dressaient, ils étaient debout, ceux-ci glorieux et beaux, prêts au triomphe, ceux-là humiliés et déjà marqués au signe de l'éternelle réprobation. O homme, qu'elles sont grandes tes destinées! par ton âme tu es l'égal des anges; par ta chair même tu n'es qu'un peu au-dessous d'eux; par ton âme et par ta chair tu es, ô homme, le royal conquérant de l'éternité!

V

Ces considérations empruntées à la nature de l'homme et à ses nobles instincts, légitiment déjà très-suffisamment nos *Ostensions* traditionnelles; il y a toutefois un argument plus décisif encore.

Outre la dignité que le corps de l'homme emprunte à son union avec l'âme, le corps du chrétien a une dignité qui lui est propre, et qu'il doit aux Sacrements. Sans doute, c'est sur l'âme qu'agissent principalement les Sacrements; c'est l'âme qui reçoit la grâce sanctifiante, et avec elle ces merveilleuses aptitudes à la pratique de la vertu; mais les Sacrements exercent aussi leurs effets sur le corps du chrétien, et savez-vous ce qu'elles en font? Un temple, les membres de Jésus-Christ (1).

(1) I. Cor., 6.

C'est au corps qu'est appliquée la matière du Sacrement : l'eau coule sur le front, l'huile sainte oint votre tête, vos mains, vos pieds, votre poitrine, le pain eucharistique, Jésus-Christ lui-même, caché sous cette espèce alimentaire, descend dans vos entrailles, entre dans la circulation de votre sang, fait partie de votre substance corporelle. N'est-il pas évident que ce contact, que dis-je, que cette compénétration des éléments divins avec le corps produisent en lui une sainteté et une consécration indélébile. Eh ! quoi, un édifice matériel, des pierres, du bois, reçoivent une consécration, et le corps du chrétien n'aurait pas la sienne? Il l'a, N. T.-C. F., et rien ne la lui fera perdre. Elle sera pour sa gloire ou pour son opprobre.

Quelles conséquences n'aurions-Nous pas à déduire pour votre instruction de cette belle doctrine de la sainteté de vos corps? Abritant Notre parole derrière celle de saint Paul, et l'accommodant quelque peu aux chatouilleuses susceptibilités de notre langue française, Nous vous dirons : Ne savez-vous pas que vos corps sont les membres de Jésus-Christ? Ravirions-nous à Jésus-Christ ses membres pour les prostituer au péché? A Dieu ne plaise ! Ne savez-vous pas que celui qui livre son corps à ce péché honteux ne fait plus qu'un avec lui ! Fuyez donc ce genre de mal. Tout autre péché est hors du corps ; ici vous péchez contre votre propre corps. Rappelez-vous que vos membres sont le temple du Saint-Esprit, et que vous n'êtes plus à vous-mêmes. (1).

Et si, tout à l'heure, Nous flétrissions, au nom de la dignité humaine, les récentes et scandaleuses profanations des cadavres par les libres-penseurs, avec quelle plus vive indignation ne protestons-Nous pas en rappelant que ces corps, ainsi assimilés aux animaux, ont été marqués, sanctifiés, consacrés par les Sacrements, par les prières et les solennelles bénédictions de l'Eglise. Ah ! les malheureux ! c'est à Dieu même qu'ils s'attaquent ; c'est sur Jésus-Christ qu'ils ont l'audace de porter leurs mains sacriléges. Vous êtes plus indignes que Balthasar buvant le vin de l'orgie dans les vases sacrés, plus indignes que les briseurs d'images, plus indignes que les trafiquants chassés à coups de fouet par Jésus-Christ. Malheur à vous, sacriléges profanateurs ; malheur à vos familles ; malheur à votre pays !

VI

Puisque le principe surnaturel introduit par les Sacrements dans la personnalité humaine lui communique un tel surcroît de grandeur, vous comprenez déjà, N. T.-C. F., quelle suréminente dignité en résulte pour les restes de nos Saints qui,

(1) I. Cor., 6.

eux, ont développé et fécondé par leurs mérites et leurs efforts ce même principe. Le petit cadavre d'un enfant baptisé est saint; combien plus saint le corps du vaillant athlète qui succombe dans l'arêne, du Martyr, du Pénitent, de l'Apôtre, de la Vierge, qui pendant de longues années ont ajouté à la grâce du Baptême leurs vertus personnelles. S'il est incontestable que le corps emprunte à l'âme sa grandeur, pour apprécier la sainteté du corps d'un Saint, il faudrait pouvoir dire ce que c'est que l'âme d'un Saint. L'âme d'un Saint! N. T.-C. F, voilà une de ces merveilles qui échappent à nos jugements. On a fait l'histoire de leur existence, pourrait-on faire l'histoire exacte et complète de leur vie intérieure? Or, c'est cette vie intérieure qui constitue, à proprement parler, la sainteté de l'âme. Allez donc me révéler l'âme si pure et si tendre de saint Jean, l'âme héroïque de saint Paul ou de saint François Xavier, l'âme si humble et si charitable de saint Vincent de Paul! L'âme d'un Saint! Vous me dites leur admirable vie, vous me racontez leurs travaux, vous me rapportez même quelques-unes de leurs paroles; assurément c'est beau, ce que vous me dites m'émeut et me ravit; mais je vous demande de me livrer leur âme, toute leur âme avec ses sentiments, ses aspirations, ses luttes, ses ardeurs, ses résignations, sa vraie vie enfin! Ah! voilà, N. T.-C. F., ce que nous ne connaîtrons jamais sur la terre. Saint Jean-Chrysostôme, parlant de saint Paul, essaie de nous donner une idée de l'âme d'un Saint. Ecoutez : Le cœur de Paul, dit-il, était si large qu'il embrassait dans son amour des villes entières, des peuples, des nations ; il était plus large que l'univers, plus beau que les rayons du soleil, plus ardent que le feu, plus solide que le diamant. Et, après cette éloquente et intarissable énumération, sentant son impuissance, le grand Evêque se résume en un mot sublime qui dit tout : Le cœur de Paul, c'était le cœur de Jésus-Christ. *Cor Pauli, cor erat Christi* (1). Or, dit à son tour saint Paul (2), qui peut mesurer et la largeur, et longueur, et la hauteur, et la profondeur du cœur et de la charité de Jésus-Christ ? Par conséquent, qui peut comprendre l'âme d'un Saint ?...

Bornons-nous à admirer nos Saints, et témoignons de notre religieuse admiration en adressant nos hommages à ces débris qui nous restent de leurs personnes sacrées. O Chef auguste de notre Père Martial, vous avez été le siége de ses grandes pensées ; c'est de votre bouche que sortaient les oracles divins, les prières qui apaisaient le courroux du ciel, les imprécations qui chassaient les démons, les paroles de paix qui consolaient les cœurs. O tête de mon Père Martial, je vous contemple à travers mes larmes, je vous baise avec amour ! vous êtes notre trésor le plus précieux ! Et

(1) S. Chrys. in Epist. ad Rom. Cap. 16., Homil. 32.
(2) Eph., 2. 18.

vous, ô Valérie, chaste et charmante Enfant, vous portez dans votre petit corps si délicat l'âme intrépide d'un héros ; en exaltant votre valliance, nous environnons aussi de tous nos respects ce corps qui a eu la double gloire de la virginité et du martyre. O vous tous, saints Protecteurs de la contrée, Aurélien, Léonard, Junien, Amand, Israël, Théobald, Yrieix, Psalmet, Etienne de Muret, sortez de vos sanctuaires, apparaissez dans les rues de nos cités, nous vous ferons un cortége d'honneur, et nous saluerons vos grandes âmes dans cette poussière qu'elles ont animée.

VII

Ces raisons démontrent assurément la légitimité du culte des Saintes Reliques ; mais le témoignage des faits vous paraîtra plus concluant encore. Or, N. T.-C. F., l'histoire ecclésistique et en particulier l'histoire religieuse de notre contrée nous font le récit des miracles obtenus par les Reliques des Saints. Qu'y a-t-il d'étonnant à ce que ceux-là qui ont participé à la vie et à la perfection de Dieu, participent également à sa puissance et à sa fécondité ? Ils ont glorifié Dieu pendant leur vie ; Dieu, à son tour, les glorifie après leur mort. Donc, *à priori*, nous sommes autorisés à admettre les miracles attribués aux Reliques des Saints. Mais comment hésiter, devant les témoignages de l'histoire ?

Et pour ne rappeler qu'un seul fait, comment mettre en doute *le Miracle des ardents*, obtenu par l'intercession de notre Père saint Martial ? Il ne s'agit pas ici d'un événement obscur ou privé. Ce *mal des ardents* était une peste terrible, puisqu'en peu de jours elle emporta 40,000 habitants de la Province. Les populations affolées de terreur eurent recours à Dieu. Le corps de saint Martial, retiré de son tombeau, est exposé sur une de nos collines ; on prie, on jeûne, on invoque Dieu par ses Saints : Dieu se laisse toucher, et subitement le mal cesse pour ne plus reparaître. Limoges est sauvé. Si incrédule que l'on soit, comment nier un pareil fait consigné dans toutes les histoires contemporaines ? Quelles explications naturelles lui donner ? Reconnaissons-le avec nos Pères, avec l'Eglise, qui en a perpétué la mémoire dans sa liturgie, c'est un miracle, un miracle de premier ordre, dû à l'intercession de nos saints Protecteurs, et particulièrement de saint Martial. Que d'autres faits ne pourrions-nous pas invoquer ! Qu'est-il besoin de rappeler le passé. Habitants de Limoges, parlez. Lorsqu'en 1864, le feu menaçait de dévorer la ville entière, qui donc a dompté l'élément destructeur ? Vous aviez tous fait des prodiges d'intelligence et de dévouement, mais inutilement, le vent activait le foyer, donnait des ailes aux flammes et les portait d'une maison à une autre maison, d'un quartier à un autre quartier, tout était menacé, tout vous semblait perdu. Alors, comme nos Pères du xe siècle, vous avez eu recours à Martial. Le voilà! le voilà votre cher Martial, il est porté dans les mains de son Successeur vénéré. Il arrive sur le lieu de l'incendie, il bénit... Et, et vous l'avez tous vu, et je vous adjure tous d'en rendre témoignage, n'est-il pas vrai que soudain le vent change de direction, ce nouveau *mal des ardents* est vaincu; pour la seconde fois Limoges est sauvé!... Quelle autre merveille de grâce Dieu nous réserve-t-il pour nos prochaines *Ostensions*!

O Dieu, toujours clément et toujours propice à nos vœux, ce que nous vous demandons par votre serviteur Martial, et par tous nos saints Protecteurs, ce n'est pas la cessation de la peste ou du feu matériel; nous sommes, hélas! les victimes d'une autre peste plus redoutable encore, d'un autre incendie plus dévastateur, la peste de l'erreur religieuse et sociale, l'incendie des passions, de la haine, de la convoitise et de l'ambition. O mon Dieu, voyez comme nous en souffrons tous et quel malheur est le nôtre. Nous avons perdu la paix et tous ses biens; le sol de la patrie a été mutilé, notre honneur compromis, notre prospérité affaiblie; si nous n'avons pas été anéantis, c'est déjà un effet de votre miséricorde. Venez-nous en aide, sauvez la France, protégez l'Eglise et le saint Pontife qui la gouverne, bénissez cette ville de Limoges, ce Diocèse, toute cette contrée que

(1) Lament. Jer., 3, 22.

Martial a conquise à votre vérité et à votre amour. Ainsi soit-il, ainsi soit-il.

VIII

Allons, habitants de Limoges, fidèles de cette illustre Eglise, enfants de saint Martial, allons, debout, tous debout pour les saintes Ostensions. Dehors vos riches tentures, vos bannières, les couronnes et les banderolles aux inscriptions variées. Apportez aux bénédictions de saint Martial ce drapeau traditionnel, saluez-le de vos joyeuses détonnations et de vos acclamations enthousiastes, promenez-le à travers la Cité, puis plantez-le fièrement, bien haut, bien haut à la cime de cette flèche qui domine l'heureuse Eglise dépositaire du Chef de notre Père; qu'il flotte à tous les regards et qu'il reste là comme l'annonce de nos grandes solennités et l'incessant appel à tous. Enfants de Saint-Léonard, du Dorat, de Saint-Junien, rivalisez avec vos frères de Limoges ; ils applaudissent à vos efforts et seront heureux de vos pieux succès.

Déjà, N. T.-C. F., les Pontifes des Eglises voisines s'apprêtent à venir, vous les verrez abaissant Leur Majesté devant leurs célestes Modèles, vous les entendrez vous féliciter de vos richesses et vous en faire valoir tout le prix. Et avec les Pasteurs viendront aussi de nombreux fidèles : plus nos voix auront de force pour monter jusqu'au ciel, plus les cœurs auront de foi et d'amour. Ah ! c'est le cœur surtout qu'il faut préparer, N. T.-C, F. Préparez-les pendant ce saint temps de Carême par l'audition de la parole divine, par la prière, surtout par la réception des Sacrements. N'oubliez pas que, grâces à une bienveillante concession du Souverain Pontife, la grande Indulgence du Jubilé vous est encore offerte. Nous vous en conjurons, gardez-vous de la négliger. Et à ces fêtes de la pénitence succéderont les Fêtes Pascales; aux Fêtes Pascales, les Fêtes de l'Ostension, et après toutes ces Fêtes de la terre et du temps, celles plus joyeuses et plus durables du Ciel et de l'Eternité.

A CES CAUSES :

Après en avoir conféré avec Nos Vénérables Frères les Chanoines et Chapitre de Notre insigne Eglise Cathédrale, Nous avons ordonné et Ordonnons ce qui suit :

ARTICLE PREMIER.

L'annonce de l'Ostension septennale aura lieu, suivant l'antique et respectable usage, le 23 mars jeudi de la Mi-Carême. Ce jour-là, Nous célébrerons, au tombeau de l'Apôtre saint Martial, la sainte Messe, après laquelle Nous bénirons solennellement le drapeau de l'Ostension, qui sera promené avec les cérémonies accoutumées et arboré au clocher de l'Eglise Saint-Michel-des-Lions. Toutes les cloches des Eglises de la Ville Episcopale annonceront cette solennité à l'Angelus de midi, le jeudi 23 mars, et salueront, par une nouvelle volée, le drapeau traditionnel, lorsqu'il sera présenté dans les diverses Eglises de la ville.

ART. 2.

L'Ostension septennale des Saintes Reliques, suivant l'ancienne tradition, commencera le dimanche de Quasimodo, 23 avril, et se continuera chaque jour, jusqu'au dimanche de la Sainte-Trinité, 11 juin.

ART. 3.

Dans notre Ville Episcopale, l'ouverture de l'Ostension se fera avec toute la pompe usitée dans les dernières solennités de ce genre.

Un Office Pontifical sera célébré dans l'Eglise Saint-Michel-des-Lions après que l'ouverture de la châsse de saint Aurélien, successeur de saint Martial, et celle de notre Grand Apôtre aura été faite en présence de Nos Seigneurs les Évêques.

Après la Messe Pontificale, aura lieu la Procession générale, où seront portées les nombreuses Reliques que possèdent les églises des Paroisses et des Communautés religieuses de Notre Ville Episcopale.

Le soir, les Vêpres Pontificales seront chantées dans Notre Eglise Cathédrale, et suivies d'un sermon et d'un Salut très-solennel.

ART. 4.

Le précieux Chef de l'Apôtre saint Martial sera exposé à la vénération publique dans l'Eglise Saint-Michel-des-Lions, depuis la fin de la Procession générale d'ouverture jusqu'après les Vêpres.

Tous les jours suivants, il sera exposé depuis six heures du matin jusqu'à onze heures.

Les dimanches et fêtes, l'exposition durera jusqu'après les Vêpres.

ART. 5.

Tous les dimanches, durant l'Ostension, on prononcera dans l'Eglise de Saint-Michel et dans les autres Eglises une instruction analogue à la Solennité, après l'Evangile de la Grand'Messe.

ART. 6.

En vertu des Bulles de Grégoire XI du 5 juillet 1373 et du 27 septembre 1376, et d'un décret du Cardinal Caprara, Légat *à Latere*, en date du 4 février 1806, Nous avons nommé et Nommons confesseurs, M. Plainemaison, chanoine pénitencier, et M. Pinot, curé-doyen de Saint-Michel-des-Lions : ils auront, pendant tout le temps de l'Ostension, les mêmes pouvoirs que les Pénitenciers-Mineurs des Basiliques de Rome.

ART. 7.

Dans toutes les autres Eglises de la Ville et du Diocèse de Limoges, où l'on conserve des Reliques, dûment vérifiées et authentiquées par Nos Prédécesseurs, par Nous ou par Nos Vicaires-Généraux, on les exposera à la vénération publique, avec les mêmes cérémonies que par le passé, depuis le dimanche de Quasimodo, jusqu'au dimanche de la Très-Sainte-Trinité inclusivement.

ART. 8.

L'exposition et la reposition des Saintes Reliques se feront selon le rit usité et avec les chants en rapport avec les Reliques qu'on honore. Ces chants se composent ordinairement d'une Antienne, d'un Verset et d'une Oraison : on pourra ajouter les invocations des Saints dont on a les Reliques.

ART. 9.

Plusieurs papes, Urbain II, Lucius III, Adrien V, Jean XXII, Clément VI, Grégoire XI Eugène IV, avaient accordé des Indulgences en faveur des fidèles qui visiteraient, pendant le temps des Ostensions, l'Eglise collégiale de Saint-Martial, savoir : sept années et autant de quarantaines pour le premier et le dernier jour, et une année et une quarantaine pour chaque jour de l'Ostension solennelle,

Par décret du cardinal Caprara, Légat *à Latere*, du 4 février 1806, ces Indulgences ont été renouvelées et transférées à l'église de Saint-Michel-des-Lions, qui possède maintenant le précieux Chef de l'Apôtre saint Martial.

Par un rescrit du 14 mai 1827, Sa Sainteté Léon XII a, en outre, accordé une Indulgence plénière à tous les fidèles de l'un et de l'autre sexe qui, pendant le temps des Ostensions, se confesseront, communieront et visiteront dévotement les saintes Reliques exposées dans l'église de Saint-Michel, ou dans toute autre église du Diocèse, et y prieront quelque temps selon les fins ordinaires, avec faculté d'appliquer cette indulgence aux fidèles défunts.

Nous accordons Nous-même une Indulgence de quarante jours pour chaque jour des Ostensions, en faveur des fidèles qui iront vénérer les Reliques des Saints, exposées dans une église quelconque du Diocèse, et réciteront devant elles un *Pater* et un *Ave* pour la conversion des pécheurs et l'exaltation de la sainte Eglise.

ART. 10.

Toutes les Reliques dont la vérification n'aura pas été faite depuis le rétablissement de la Religion en France, resteront interdites, conformément au décret du Concile de Trente. Nous défendons de les présenter à la vénération des fidèles, sous quelque prétexte que ce puisse être.

ART. 11.

Nous verrions avec bonheur les Fidèles de Notre Diocèse, venir en foule comme leurs aïeux au tombeau de notre Apôtre saint Martial, et recommencer ces pèlerinages qui étaient autrefois la source de tant de grâces et de bénédictions pour toute notre contrée.

ART. 12.

La clôture des Ostensions se fera avec les cérémonies ordinaires, le 11 juin, dimanche de la Très-Sainte Trinité.

Donné à Limoges, en Notre Palais épiscopal, sous Notre seing, le sceau de Nos armes et le contre-seing du Secrétaire Général de l'Evêché, le 10 février, de l'an de grâce de N. S. J.-C. 1876, quatrième anniversaire de Notre Consécration épiscopale.

† ALFRED, EVÊQUE DE LIMOGES.

Par Mandement de Monseigneur :

L. MARÉVÉRY,
Chanoine, Secrétaire-Général.

PRIÈRES

QUI PEUVENT ÊTRE RÉCITÉES DANS LES DIVERSES ÉGLISES OU L'ON FAIT **L'OSTENSION DES SAINTES RELIQUES.**

DANS L'INSIGNE ÉGLISE CATHÉDRALE.

Pour adorer le saint Sacrement.

Pange, lingua gloriosi
Corporis mysterium,
Sanguinisque pretiosi,
Quem in mundi pretium,
Fructus ventris generosi,
Rex effudit gentium.

Chante, ô ma langue, le mystère du Corps glorieux de Jésus et du sang précieux que ce Roi des nations, sorti d'un sang généreux, a versé pour le salut du monde.

Tantum ergo sacramentum
Veneremur cernui :
Et antiquum documentum
Novo cedat ritui,
Præstet fides supplementum
Sensuum defectui. Amen.

Adorons donc avec un profond respect un Sacrement si digne de nos hommages; que l'ancien précepte cède au nouveau, et que la foi supplée à la faiblesse de nos cœurs.

Amen.

Devant la précieuse Relique de la vraie Croix.

L'étendard du Roi s'avance ; voici briller le mystère de la Croix, sur laquelle Celui qui est la Vie a souffert la mort, et par cette mort nous a donné la vie.	Vexilla Regis prodeunt ; Fulget Crucis mysterium, Qua Vita mortem pertulit, Et morte vitam protulit.
C'est là que, transpercé du fer cruel d'une lance, son côté épancha l'eau et le sang pour laver la souillure de nos crimes.	Quæ vulnerata lancea Mucrone diro, criminum Ut nos lavaret sordibus, Manavit unda et sanguine.
Il s'est accompli l'oracle de David qui, dans ses vers inspirés, avait dit aux nations : Dieu règnera par le bois.	Impleta sunt quæ concinit David fideli carmine, Dicendo nationibus : Regnavit à ligno Deus.
Tu es beau, tu es éclatant, arbre paré de la pourpre du Roi : noble tronc appelé à l'honneur de toucher des membres si sacrés.	Arbor decora et fulgida, Ornata Regis purpura, Electa digno stipite Tam sancta membra tangere.
Heureux es-tu d'avoir porté suspendu à tes bras	Beata cujus brachiis Pretium pependit sæculi,

Statera facta corporis,
Tulitque prædam tartari.

celui qui fut le prix du monde dans la balance où fut pesé ce corps, notre rançon : tu as enlevé à l'enfer sa proie.

O Crux, ave, spes unica,
Paschale quæ fers gaudium,
Piis adauge gratiam,
Reisque dele crimina.

Salut, ô Croix notre unique espérance ! toi qui nous conduis aux joies pascales, accrois la grâce dans le juste, efface le crime du pécheur.

Te fons salutis, Trinitas,
Collaudet omnis spiritus
Quibus Crucis victoriam
Largiris, adde præmium.
Amen.

Que tout âme vous glorifie, ô Trinité, principe de notre salut : vous nous donnez la victoire par la Croix, daignez ajouter la récompense. Ainsi soit-il.

Ant. Crucem sanctam subiit qui infernum confregit : accinctus est potentia, surrexit die tertiâ, alleluia.

Ant. Celui qui a vaincu l'enfer a été attaché à une Croix qu'il a sanctifiée : il s'est revêtu de sa puissance, et il est ressuscité le troisième jour, alleluia.

℣. Dicite in nationibus, alleluia,

℟. Quia Dominus regnavit à ligno, alleluia.

℣. Dites parmi les nations, alleluia,

℟. Que le Seigneur règne par le bois, alleluia.

ORAISON.

O Dieu qui avez voulu que votre Fils unique souffrît pour nous le supplice de la Croix, afin de nous délivrer de la puissance de notre ennemi, accordez-nous de parvenir à la grâce de la résurrection. Par le même N.-S.

ORATIO.

Deus qui pro nobis Filium tuum Crucis patibulum subire voluisti, ut inimici à nobis expelleres potestatem : concede nobis famulis tuis, ut resurrectionis gratiam consequamur. Per eumdem Dominum.

Devant la Relique de saint André, Apôtre.

Ant. Le bienheureux André, étant arrivé au lieu où la Croix était dressée, s'écria : O bonne Croix si longtemps désirée, vous êtes enfin accordée à mes désirs ! Je viens à vous avec confiance et avec joie, afin que vous me receviez comme le disciple de Celui qui a été attaché sur vous, alleluia.

℣. La mort des Saints du Seigneur, alleluia.

℟. Est précieuse devant lui, alleluia.

Ant. Cùm pervenisset beatus Andreas ad locum ubi Crux parata erat, exclamavit et dixit : O bona Crux, diù desiderata et jam concupiscenti animo præparata, securus et gaudens venio ad te ; ita et tu exsultans suscipias me discipulum Ejus qui pependit in te, alleluia.

℣. Pretiosa in conspectu Domini, alleluia.

℟. Mors Sanctorum ejus, alleluia.

ORATIO.

Majestatem tuam, Domine, suppliciter exoramus ; ut sicut Ecclesiæ tuæ beatus Andreas Apostolus exstitit prædicator et rector, ita apud te sit pro nobis perpetuus intercessor. Per Dominum.

ORAISON.

Accordez à nos humbles prières, Seigneur, que l'Apôtre saint André, qui a instruit et gouverné votre Eglise, intercède continuellement pour nous devant le trône de votre divine Majesté. Par N. S. J.-C.

Devant la Relique de saint Martial.

Ant. O Pastor egregie ! ô speculum præsulum, ô Martialis, Doctor et Dux Aquitaniæ, suscipe preces te deprecantium, et intercede pro salute omnium, alleluia.

℣. Ora pro nobis, beate Martialis, alleluia.

℟. Ut digni efficiamur promissionibus Christi, alleluia.

Ant. O l'élite des Pasteurs ! ô le miroir des Prélats ! ô Martial, Docteur et Guide de l'Aquitaine ! recevez les prières de ceux qui vous invoquent et intercédez pour le salut de tous, alleluia.

℣. Priez pour nous, bienheureux Martial, al.,

℟. Afin que nous devenions dignes des promesses de Jésus-Christ, alleluia

ORATIO.

Omnipotens sempiterne Deus, qui beatum Martialem Apostolum,

ORAISON.

Dieu tout-puissant et éternel, qui avez appelé au gouvernement de votre sainte Eglise le bienheureux Apôtre saint Martial, daignez, en considération de ses mérites, faire descendre sur nous les effets de votre miséricorde. Par N. S. J.-C.

Ecclesiæ tuæ sanctæ præesse voluisti, quæsumus ut nobis, ejus suffragantibus meritis, pietatis tuæ gratiam largiaris. Per Dominum.

Devant la Relique de saint Etienne, Diacre, protomartyr, titulaire de l'Eglise Cathédrale.

Ant. Des hommes craignant Dieu ensevelirent Etienne, et firent ses funérailles avec un grand deuil, alleluia.

℣. Étienne vit les cieux ouverts, alleluia.

℟. Il les vit et y entra: Heureux celui pour qui les cieux sont ouverts ! alleluia.

Ant. Sepelierunt Stephanum viri timorati, et fecerunt planctum magnum super eum, allel.

℣. Stephanus vidit cœlos apertos, alleluia.

℟. Vidit et introivit : Beatus homo cui cœli patebant, alleluia.

ORAISON.

Seigneur, faites-nous la grâce d'imiter l'exemple de Celui que nous honorons, afin que nous apprenions à aimer nos ennemis, en vénérant les Reliques de celui qui a prié pour ses per-

ORATIO.

Da nobis, quæsumus, Domine, imitari quod colimus, ut discamus et inimicos diligere : quia ejus Reliquias veneramur, qui novit etiam pro persecutoribus exorare Dominum nostrum

Jesum Christum, qui tecum vivit.

sécuteurs N. S. J. C., qui vit et règne.

Devant le Chef d'un des saints Innocents.

Ant. Innocentes pro Christo infantes occisi sunt; ab iniquo rege lactentis interfecti sunt, ipsum sequuntur Agnum sine maculâ et dicunt semper : Gloria tibi, Domine, alleluia.

Ant. Des enfants innocents ont été mis à mort pour Jésus-Christ : des enfants à la mamelle ont été immolés par un roi barbare ; ils suivent l'Agneau sans tache, et ils disent sans cesse : Gloire à vous, Seigneur, alleluia.

℣. Sub throno Dei omnes sancti clamant, alleluia.

℣. Tous les Saints s'écrient sous le trône de Dieu, alleluia.

℟. Vindica sanguinem nostrum, Deus noster, alleluia.

℟. O notre Dieu, vengez notre sang, alleluia.

ORATIO

Deus cujus præconium Innocentes Martyres non loquendo, sed moriendo confessi sunt : omnia in nobis vitiorum mortifica; ut fidem tuam quam lingua nostra loquitur, etiam moribus

ORAISON

O Dieu, dont les saints Innocents Martyrs ont publié la gloire non point en parlant, mais en mourant, faites mourir en nous tous nos vices, afin que la foi que nous confessons de bouche

soit aussi annoncée par la sainteté de notre vie. Par N. S. J. C.	vita fateatur. Per Dominum

Devant les Reliques de sainte Valérie, Vierge et première Martyre des Gaules.

Noble par sa vie, non moins que par sa naissance, au sein de la gentilité, Valérie est un lis qui s'élève épanoui du milieu des épines.	Natalibus egregia Et moribus Valeria, De genere Gentilium, De spinis vernat lilium.
Dans les usages mêmes du paganisme elle ne fut point païenne ; par son horreur du vice, elle vivait à Jésus-Christ avant de le connaître.	Hæc, et in ipsis ritibus Non gentilis gentilibus, Jam Christo, Christi nescia, Vivebat, horrens vitia.
Inspirée du ciel, et prévenue des dons de l'Esprit saint, elle demeura Vierge : belle rose sur une tige d'épine !	Mente præsaga cœlitus, Dono præventa Spiritûs, Carne mansit virgineâ, Rosa de stirpe spineâ.
Voyant tomber les idoles aux prédications de l'Apôtre Martial, elle demande à être purifiée par le saint baptême.	Idola cernens dejici Ex viri Apostolici Martialis sermonibus, Lavatur sacris fontibus.
Fiancée à Etienne, duc de la Province, elle dé-	Stephano, duci Galliæ, Sponsata, dotes gratiæ

Sponso terreno prætulit; Hinc dira mortis pertulit.	daigna pour les charmes de la grâce un époux terrestre qui se vengea par une mort cruelle.
Die noctuque Domino Supplex pro sponso Stephano, Et vitam obtinuit Per quem cæsa occubuit.	Nuit et jour priant pour Etienne, son fiancé, elle obtint la vie à celui qui devait être son meurtrier.
Dux fremit irâ Stephanus, Intùs ardens ut clibanus; Dúm se sperni considerat, Sævire in Sanctam properat.	Se voyant méprisé, le duc frémit; la colère bouillonne dans son âme: il court, furieux, vers la Sainte.
Occurrit imperterrita, Nec auditur dans monita, Sed ferit illam impiger Mox feriendus armiger.	Il menace, elle est impassible; elle parle, on ne l'écoute point; sa tête tombe sous la hache d'un licteur qui bientôt sera frappé de Dieu.
Caput cæsum fert brachiis Ad Sanctum Sancta propriis; Durities marmorea, Plantis cedens, fit cerea.	Valérie prend sa tête dans ses mains, et va la présenter au saint Apôtre: le marbre, cédant sous ses pieds, en conserve l'empreinte.
O sponse, Jesu, Virginum,	O Jésus, époux des Vierges, ferme appui des

Martyrs par l'amour, donnez-nous de marcher après vous à la suite des Vierges

Ainsi soit-il.

Ant. O sainte et admirable vierge Valérie qui la première dans les Gaules avez obtenu la couronne du martyre, intercédez sans cesse pour nous auprès de Dieu, all.

℣. La grâce est répandue sur vos lèvres, all.

℟. C'est pour cela que Dieu vous a bénie pour l'éternité, alleluia.

ORAISON.

Dieu tout-puissant et éternel, qui, par la palme du martyre, avez appelé à la gloire céleste sainte Valérie, votre Vierge, daignez, en considération de ses mérites, nous accorder le pardon de nos fautes, afin que nous méritions de partager un jour son bonheur : Par.

Firmumque robur Martyrum,

Fac nos amore martyres,

Da te sequi post Virgines. Amen.

Ant. O sancta et mirabilis virgo Valeria, quæ in Galliis prima martyrii coronam adepta es, jugi prece intercede pro nobis ad Dominum, alleluia.

℣. Diffusa est gratia in labiis tuis, alleluia.

℟. Propterea benedixit te Deus in æternum, alleluia.

ORATIO.

Omnipotens Deus, qui beatam Valeriam, Virginem tuam, per martyrii palmam cœlestem fecisti conscendere gloriam; da nobis, ejus suffragantibus meritis, cunctorum veniam delictorum, ut ad ejusdem mereamur pertingere consortium. Per Dominum.

Devant les Reliques de saint Sébastien, de saint Georges et saint Macaire, Martyrs.

Ant. Sancti et Justi, in Domino gaudete, alleluia : vos elegit Deus in hæreditatem sibi, allel.

℣. Fulgebunt Justi in Domino sicut sol, allel.

℟. In conspectu Dei, alleluia.

ORATIO.

Infirmitatem nostram respice, Omnipotens Deus; et quia pondus propriæ actionis gravat, beatorum Martyrum tuorum Georgii, Sebastiani et Macarii, intercessio gloriosa nos protegat. Per Dominum.

Ant. Saints et justes, réjouissez-vous dans le Seigneur, alleluia : Dieu vous a choisis pour son héritage, allel.

℣ Les Justes brilleront comme le soleil, al.

℟. En présence de Dieu, alleluia.

ORAISON.

Dieu tout-puissant, regardez notre faiblesse, et comme le poids de nos péchés nous accable, fortifiez-nous par l'intercession de vos bienheureux Martyrs Georges, Sébastien et Macaire. Par N. S. J.-C.

Devant les Reliques de saint Rorice, saint Ferréol, saint Asclèpe, saint Sacerdos, saint Vaast et saint Eloi, Évêques et Confesseurs.

Ant. Sacerdotes et Pontifices et virtutum

Ant. Prêtres et Pontifes, qui avez opéré

tant de merveilles, bons Pasteurs, qui avez si bien gouverné vos peuples, priez le Seigneur pour nous, alleluia.

℣. Le Seigneur les a aimés et les a revêtus d'honneur, alleluia.

℟. Il leur a donné un vêtement de gloire, all.

ORAISON.

Faites, Dieu tout-puissant, que cette pieuse commémoraison de vos Confesseurs et de vos Pontifes Rorice, Ferréol, Asclèpe, Sacerdos, Vaast et Éloi, augmente en nous l'esprit de piété et le désir de notre salut. Par N. S. J.-C.

opifices, pastores boni in populo, orate pro nobis Dominum, allel.

℣. Amavit eos Dominus et ornavit eos, alleluia.

℟. Stolam gloriæ induit eos. Alleluia.

ORATIO.

Da, quæsumus, Omnipotens Deus, beatorum Confessorum tuorum atque Pontificum Roricii, Ferreoli, Asclepii, Sacerdoti, Vedasti et Eligii veneranda commemoratio, et devotionem nobis augeat et salutem. Per Dominum.

Devant une Relique de saint Martin, Evêque de Tours.

Ant. O bienheureux Pontife, qui aimait de tout son cœur Jésus-Christ, son Roi, et qui ne craignait pas la puis-

Ant. O beatum Pontificem, qui totis visceribus diligebat Christum Regem, et non formidabat imperii principatum ! O sanctissima anima, quam etsi gladius persecutoris non abstulit, palmam martyrii non amisit, alleluia.

℣. Justum deduxit Dominus per vias rectas, alleluia.

℟. Et ostendit illi regnum Dei, alleluia.

ORATIO.

Deus, qui conspicis quia ex nullâ nostrâ virtute subsistimus ; concede propitius, ut intercessione beati Martini, Confessoris tui atque Pontificis, contra omnia adversa muniamur. Per Dominum.

sance des princes de la terre ! O très-sainte âme, qui n'a pas perdu la palme du martyre, quoiqu'elle n'ait pas été séparée de son corps par le glaive du persécuteur, alleluia.

℣. Le Seigneur a conduit le Juste par des voies droites, alleluia.

℟. Et il lui a montré le royaume céleste, allel.

ORAISON.

O Dieu, qui voyez que nous ne saurions subsister par nos propres forces, faites, dans votre bonté, que nous soyons fortifiés par l'intercession de votre Confesseur et Pontife saint Martin contre les maux qui nous environnent. Par N. S. J.-C.

Devant le Chef de saint Celse, Confesseur, Disciple de saint Martial,

Ant. Courage, bon et fidèle serviteur : parce que vous avez été fidèle en de petites choses, je vous établirai sur de grandes; entrez dans la joie du Seigneur, allel.

℣. La bouche du juste annoncera la sagesse, al.

℟. Et sa langue publiera la justice, allel.

Ant. Euge, serve bone et fidelis; quia super pauca fuisti fidelis, supra multa te constituam; intra in gaudium Domini tui, alleluia.

℣. Os justi meditabitur sapientiam, alleluia.

℟. Et lingua ejus loquetur judicium, allel.

ORAISON.

Seigneur, écoutez favorablement nos supplications que nous vous adressons par les Reliques de votre Confesseur le bienheureux Celse, afin que, ne mettant point notre confiance dans notre justice, nous soyons secourus par les prières de celui qui a été agréable à votre divine Majesté. Par N. S.

ORATIO.

Adesto, Domine, supplicationibus nostris, quas per beati Celsi, Confessoris tui, Reliquias deferimus; ut qui nostræ justitiæ fiduciam non habemus, ejusque tibi placuit precibus adjuvemur. Per Dominum.

Devant le Chef de saint Domnolet, Confesseur.

Ant. Hic vir, despiciens mundum, et terrena triumphans, divitias cœlo condidit ore, manu, alleluia.

℣. Justus ut palma florebit, alleluia.

℟. Sicut cedrus Libani multiplicabitur, allel.

Ant. Méprisant le monde et triomphant des pensées terrestres, ce Saint a acquis, par ses paroles et ses actions, un trésor dans le ciel, alleluia.

℣. Le juste fleurira comme le palmier, allel.

℟. Il croîtra comme le cèdre du Liban, alleluia.

ORATIO.

O Dieu, qui nous réjouissez par le souvenir de saint Domnolet, votre Confesseur, faites, par votre bonté, qu'en honorant ses Reliques, nous imitions ses vertus. Par N. S. J.-C.

OREMUS.

Deus, qui nos beati Domnoleni, Confessoris tui, commemoratione lætificas; concede propitius, ut cujus Reliquias colimus, etiam actiones imitemur. Per Dominum.

Devant les Reliques de saint Alpinien et saint Austriclinien, compagnons de saint Martial.

Ant. Servi boni et fide-

Ant. Bons et fidèles

serviteurs, entrez dans la joie de votre Seigneur, alleluia.

℣. La loi de Dieu est dans leur cœur, allel.

℟. Leurs pas ne chancelleront point, alleluia.

les, intrate in gaudium Domini, alleluia.

℣. Lex Dei in corde eorum, alleluia.

℟. Et non supplantabuntur gressus eorum, alleluia.

ORAISON.

O Dieu, qui avez honoré les bienheureux Alpinien et Austriclinien, vos Confesseurs, de la dignité du Sacerdoce, du titre glorieux de Disciple d'Apôtre et des grâces de la sainteté, faites que votre Eglise mette sa joie à célébrer sans cesse leur mémoire, afin qu'en glorifiant leurs Reliques, elle trouve l'appui dans leurs prières. Par N. S. J.-C.

ORATIO.

Deus, qui beatos Alpinianum et Austriclinianum, Confessores tuos, dignitate sacerdotii, gloria Discipulatûs Apostolici, ac sanctitatis muneribus adornâsti : Ecclesiam tuam continua fac celebritate lætari, ut eorum precibus muniatur quorum reliquiis gloriatur. Per Dominum.

Devant les Reliques de saint Léonard, saint Junien, saint Amand, saint Psalmet, saint Marien et saint Etienne de Muret.

Ant. Similabo eos viro sapienti qui ædificavit domum suam supra petram, alleluia.

℣. Exultabunt sancti in gloriâ, alleluia.

℟. Lætabuntur in cubilibus suis, alleluia.

ORATIO.

Exaudi quæsumus, Domine, preces nostras quas in beatorum Leonardi, Juniani, Amandi, Psalmodii, Mariani et Stephani, Confessorum tuorum, honore deferimus; et qui tibi vos digne meruerunt famulari eorum intercedentibus meritis ab omnibus absolve peccatis. Per Dominum.

Ant. Je les comparerai à un homme sage qui a bâti sa maison sur la pierre, alleluia.

℣. Les Saint tressailleront de joie dans la gloire, alleluia.

℟. Ils feront éclater leurs transports dans le lieu de leurs repos, allel.

ORAISON.

Nous vous supplions, Seigneur, d'exaucer les prières que nous vous adressons en l'honneur des saints Léonard, Junien, Amand, Psalmet, Marien et Etienne, vos Confesseurs, afin que l'intercession et les mérites de ceux qui vous ont si dignement servi, puissent obtenir de vous le pardon de nos péchés. Par N. S. J.-C.

Devant le Chef de sainte Flavie-Domitille, Vierge et Martyre.

Ant. Venez, Epouse de Jesus-Christ, recevez la couronne que le Seigneur vous a préparée pour l'éternité, alleluia.

℣. Parée de votre gloire et de votre beauté, alleluia.

℟. Apprêtez-vous à combatre, à vaincre et à régner, alleluia.

ORAISON.

Faites, nous vous en prions, Dieu Tout-Puissant, que, par l'intercession de votre Vierge et Martyre Flavie Domitille dont nous honorons les Reliques, nous soyons fortifiés dans l'amour de votre saint nom, Par N. S. J.-C.

Ant. Veni, Sponsa Christi : accipe coronam quam tibi Dominus præparavit in æternum, alleluia.

℣. Specie tuâ et pulchritudine tuâ, alleluia.

℟. Intende, prosperè procede, et regna, alleluia.

ORATIO.

Præsta, quæsumus, Omnipotens Deus, ut qui beatæ Flaviæ Domitillæ, Virginis et Martyris, Reliquias colimus, intercessione ejus, tui nominis amore roboremur. Per Dominum.

Devant une Relique du Crâne de sainte Martine, Vierge et Martyre.

Ant. Le royaume des cieux est semblable à

Ant. Simile est regnum cœlorum homini negotiatori quærenti bonas margaritas; inventa una pretiosa, dedit omnia sua, et comparavit eam, allel.

℣. Adjuvabit eam Deus vultu suo, alleluia.

℟. Deus in medio ejus non commovebitur, alluia.

ORATIO

Deus, qui inter cætera potentiæ tuæ miracula, etiam in sexu fragili victoriam martyrii contulisti : concede propitius; ut qui beatæ Martinæ, Virginis et Martyris tuæ, Reliquias colimus, per ejus ad te exempla gradiamur. Per Dominum.

un marchand qui cherche de belles perles, et qui en ayant trouvé une de grand prix, va vendre tout ce qu'il a, et l'achète, alleluia.

℣. Dieu la soutiendra par l'éclat de son visage, alleluia.

℟. Dieu sera près d'elle et elle ne sera point ébranlée, alleluia.

ORAISON

O Dieu qui parmi les effets merveilleux de votre puissance avez fait remporter la victoire du martyre au sexe le plus faible, faites-nous, s'il vous plaît, la grâce qu'en honorant les Reliques de la bienheureuse Martine, votre Vierge et Martyre, nous profitions de ses exemples pour arriver jusqu'à vous. Par N. S. J. C.

Devant les Reliques de sainte Philomène, Vierge et Martyre.

Ant. Voici une Vierge sage que le Seigneur a trouvée veillant, allel.

℣. Dieu l'a choisie et l'a choisie de préférence, alleluia.

℟. Et il la fait résider dans ses tabernacles, alleluia.

ORAISON.

Que la bienheureuse Philomène, Vierge et Martyre, implore pour nous votre miséricorde, Seigneur, elle qui vous a été agréable par le mérite de la chasteté et par le courage qu'elle a reçu de vous. Par N. S. J.-C.

Ant. Hæc est Virgo sapiens quam Dominus vigilantem invenit, all.

℣. Elegit eam, Deus et præelegit eam, alleluia.

℟. In tabernaculo suo habitare facit eam, allel.

ORATIO.

Indulgentiam nobis, quæsumus, Domine, beata Philumena, Virgo et Martyr, imploret, quæ tibi grata semper extitit et merito castitatis et tuæ professione virtutis. Per Dominum.

Devant la Relique de sainte Germaine Cousin, Vierge.

Ant. Venez, ô vous que j'ai choisie, je placerai en vous mon trône, allel.

Ant. Veni, electa mea, et ponam in te thronum meum, allel.

℣. Ista est speciosa, alleluia.

℟. Inter Filias Jerusalem, alleluia.

ORATIO.

Deus, humilium celsitudo, qui beatam Germanam, Virginem tuam, caritatis et patientiæ decore excellere disposuisti; ejus meritis et intercessione, concede, ut crucem jugiter ferentes, te semper diligere valeamus. Per Dominum.

℣. Cette Vierge surpasse en beauté, allel.

℟. Les filles de Jérusalem, alleluia.

ORAISON.

O Dieu, qui êtes la gloire des personnes humbles et qui avez voulu que votre bienheureuse Vierge Germaine se distinguât par l'ardeur de son amour et par son inaltérable patience, faites, nous vous en prions, que les tribulations de cette vie nous portent à vous aimer. Par N. S. J.-C.

Devant les Reliques des saintes Exparre, Seconde, Victoire, Panaphrète, compagnes de sainte Ursule, Vierges et Martyres.

Ant. Prudentes Virgines, aptate lampades vestras : ecce Sponsus venit, exite obviam ei, alleluia.

℣. Adducentur Regi Virgines post eam, alleluia.

Ant. Vierges sages, préparez vos lampes : voilà l'Époux qui vient, allez au devant de lui, alleluia.

℣. A sa suite les Vierges seront amenées au roi, alleluia.

℟. Ses compagnes vous seront présentées, Seigneur, alleluia.

℟. Proximæ ejus offerentur tibi, alleluia.

ORAISON.

Accordez-nous, Seigneur notre Dieu, nous vous en supplions, la grâce d'honorer avec une constante piété les triomphes de vos saintes Vierges et Martyres Exparre, Seconde, Victoire, Panaphrète, afin que si nous ne pouvons célébrer dignement leurs louanges, nous leur offrions du moins nos humbles hommages. Par N. S. J.-C.

ORATIO.

Da nobis, quæsumus, Domine Deus noster, sanctarum Virginum et Martyrum Exparræ, Secundæ, Victoriæ, Panaphretæ palmas incessabili devotione venerari, ut quas dignâ mente non possumus celebrare, humilibus saltem frequentemus obsequiis. Per Dominum.

Devant les autres saintes reliques.

Ant. Corpora sanctorum in pace sepulta sunt, et vivent nomina eorum in æternum. Alleluia.

Ant. Les corps des Saints reposent en paix, et leurs noms vivront éternellement, alleluia

℣. Lætamini in Domino, et exultate, Justi, alleluia.

℣. Justes, réjouissez-vous dans le Seigneur et tressaillez d'allégresse, alleluia.

℟. Et gloriamini, omnes recti corde, alleluia.

ORATIO.

Auge in nobis, Domine, resurrectionis fidem, qui in Sanctorum tuorum Reliquiis mirabilia operaris ; et fac nos immortalitatis gloriæ participes, cujus in eorum cineribus pignora veneramur. Per Dominum.

℟. Glorifiez-vous en lui, vous tous qui avez le cœur droit, alleluia.

ORAISON.

Seigneur, qui opérez des prodiges par les Reliques de vos Saints, augmentez en nous la foi en la résurrection, et rendez-nous participants de cette gloire immortelle dont nous honorons les gages dans leurs cendres. Par N. S. J.-C.

DANS L'ÉGLISE DE SAINT-MICHEL-DES-LIONS.

Pour adorer le très-saint Sacrement.

Ave, verum Corpus natum
De Mariâ Virgine,
Vere passum immolatum
In Cruce pro homine :
Cujus latus perforatum
Unda fluxit cum sanguine.
Esto nobis prægustatum
Mortis in examine,

Je vous salue, ô vrai Corps né de la Vierge Marie, qui avez vraiment souffert, et avez été immolé pour l'homme sur la croix : dont le côté percé d'une lance a versé du sang et de l'eau. Faites que nous vous recevions à l'heure de la mort,

O doux Jésus ! ô bon Jésus, ô Jésus Fils de Marie ! Faites-nous miséricorde.

O Jesu dulcis ! ô Jesu pie !
O Jesu fili Mariæ !
Tu nobis miserere.

Devant le Chef de l'Apôtre saint Martial.

HYMNE.

Qu'il est beau l'éclat de cette fête ! qu'elle est magnifique la splendeur de ce jour où l'âme de Martial est montée au céleste palais !

Festiva lux emicuit,
Dies præclara splenduit
Quâ Martialis anima
Regna conscendit cœlica.

Par de pieux hommages, par les honneurs dus à ses mérites, célébrons de concert sa mémoire, et chantons avec allégresse les louanges de Dieu.

Hunc devotis obsequiis,
Honoribus hunc congruis,
Nostra caterva celebret,
Deoque gaudens jubilet.

Il brilla par tant de vertus et par une si sainte vie, que, sur la terre encore, il était intimement uni à Dieu.

Hic vir tantis virtutibus,
Tàm probis fulsit moribus,
Ut, terris adhuc positus,
Hæreret Deo penitùs.

Enfin le don des miracles le distingua parmi les mortels, afin qu'il

Jam deniquè miraculis
Inter mortales claruit,
Ut Galliarum populum

Converteret ad Dominum.
Vitæ defunctos revocans,
Ægris salutem reparans,
Obsessis ex corporibus
Immundos pellens spiritus.

convertît le peuple des Gaules au Seigneur.
On le vit ressusciter les morts, guérir les malades, chasser les esprits immondes du corps des possédés.

Ejus nos, Christe, meritis
Cunctis emunda vitiis,
Et decoris virtutibus
Cœli conjunge civibus.

En considération de ses mérites, ô Jésus, purifiez-nous de tous vices, et, par la noblesse des vertus, unissez-nous aux habitants du ciel.

Laudemus rerum Principem,
Trinum Deum ac simplicem,
Cui decus et gloria
Per infinita sæcula.
Amen.

Louons le principe de toutes choses, Dieu unique en trois personnes, à qui soit honneur et gloire pendant l'éternité.
Ainsi soit-il.

AUTRE HYMNE,

Martiali Apostolo,
Aquitanorum domino,
Psallat mater Ecclesia,
Colens ejus solemnia.

Qu'au jour solennel de sa fête, l'Eglise, notre mère, chante les louanges de l'apôtre Martial, le pasteur des peuples d'Aquitaine.

Hic adolescens nobilis,

Ce noble jeune homme,

nourri des entretiens de Jésus, s'éprit d'un grand amour pour les choses du ciel, méprisant celles de la terre.	Usus Christi colloquiis, Adamavit cœlestia, Parvipendens terrestria.
Intimement uni de cœur au prince des Apôtres, il quitta la Judée sa patrie et vint à Antioche avec lui.	Linquens Judææ patriam, Devenit Antiochiam, Apostolorum principi Corde junctus unanimi.
Il le suivit aussi à Rome. Delà il alla dans l'Aquitaine, et, par ordre de Dieu il fut donné comme pasteur au peuple de Limoges.	Cum ipso Romam petiit, Hinc Aquitanos adiit, Datus Pastor divinitus Lemovicinis civibus.
Renversant l'idolâtrie, il fonda une Eglise qu'il chérit toujours avec amour, et qu'il dirige toujours vers le ciel.	Frangens idololatriam, Consecravit Ecclesiam, Quam pie semper diligat, Et ad superna dirigat.
Gloire soit au plus haut des cieux à Dieu qui a tout créé, et paix aux hommes qui lèvent leurs cœurs vers les cieux. Ainsi soit-il.	Sit in excelsis gloria Deo qui fecit omnia; In terrâ pax hominibus Sursum corda levantibus. Amen.

AUTRE HYMNE

Que l'Eglise, en ses	Jucundis pangat men-

tibus Pius Ecclesiæ chorus, Laudum Christo præconia Hæc die celeberrimâ,	pieux cantiques, chante avec allégresse les louanges du Christ en ce jour solennel,
Quâ Martialis inclytus, Vir Deo dilectissimus, Carnis solutus nexibus, Cœli succedit sedibus.	Où l'illustre Martial, homme si cher à Dieu, fut dégagé des liens du corps, et monta aux célestes demeures.
Hujus præclaris actibus Ac divinis affatibus, Vana detestans idola, Christum recepit Gallia.	C'est à ses œuvres sublimes, c'est à ses divines paroles que la Gaule a dû briser les vaines idoles et de se donner à Jésus-Christ.
Exultet Aquitania, Tanto Patrono dedita; Plebs maximè Lemovica Læta depromat cantica.	Que l'Aquitaine se réjouisse d'avoir un tel patron; que Limoges surtout fasse retentir en son bonneur des hymnes joyeux.
Huic devota supplicet, Hunc incessanter invocet, Quo piis sese precibus Poli conjungat civibus.	Qu'elle lui adresse avec dévotion ses vœux, qu'elle l'invoque sans cesse, afin de s'unir par la ferveur de ses prières aux citoyens du ciel.
O Martialis optime, Pastor et dux egregie,	O tout bon Martial, l'élite des Pasteur, guide

excellent des âmes, veuillez demander grâce pour nos crimes.

Obtenez notre pardon du clément Jésus, afin que, purifiés de nos souillures, nous jouissions parfaitement de Dieu.

Daigne nous accorder ce bonheur l'éternelle Trinité, à la fois simple Unité; le Père, le Fils et l'Esprit d'amour, le Dieu qui gouverne l'univers.

Ainsi soit-il.

Ant. O l'élite des Pasteurs! ô le miroir des Prélats! ô Martial, Docteur et guide de l'Aquitaine! recevez les prières de ceux qui vous invoquent, et intercédez pour le salut de tous, allel.

℣. Priez pour nous, bienheureux Martial, al.

℟. Afin que nous devenions dignes des promesses de J.-C., allel.

ORAISON.

Dieu tout-puissant éter-

Pro nostris facinoribus
Interveni propitius.

Impetra nobis veniam
Apud Christi clementiam,
Ut, expiatis sordibus,
Deo fruamur pleniùs.

Præstet æterna Trinitas,
Eadem simplex Unitas;
Parens, Natus et Charitas,
Cuncta gubernans Deitas.

Amen.

Ant. O Pastor egregie! ô speculum Præsulum! ô Martialis, Doctor et Dux Aquitaniæ! suscipe preces te deprecantium, et intercede pro salute omnium, alleluia.

℣. Ora pro nobis, beate Martialis, alleluia.

℟. Ut digni efficiamur promissionibus Christi, alleluia.

ORATIO.

Omnipotens sempiterne Deus, qui beatum Martialem Apostolum Ecclesiæ tuæ sanctæ præesse voluisti ; quæsumus ut nobis, ejus suffragantibus meritis, pietatis tuæ gratiam largiaris : Per Dominum.

nel, qui avez appelé au gouvernement de votre sainte Eglise le bienheureux Apôtre Martial, daignez, en considération de ses mérites, faire descendre sur nous les effets de votre miséricorde : Nous vous en prions par les mérites de N. S. J.-C.

Devant le Chef de saint Loup, Évêque de Limoges,

Ant. Amavit eum Dominus et ornavit eum : stolam gloriæ induit eum, et ad portas paradisi coronavit eum, alleluia.

℣. Justum deduxit Dominus per vias rectas, alleluia.

℟. Et ostendit illi regnum Dei, alleluia.

ORATIO.

Venerantes Reliquias beati Lupi, quem in ejus ministerii Episcopalis electum mirabiliter ostendisti : te, Domine,

Ant. Le Seigneur l'a aimé et l'a revêtu d'honneur ; il lui a donné un vêtement de gloire et il l'a couronné à la porte du ciel, alleluia.

℣. Le Seigneur a conduit le juste par des voies droites, alleluia.

℟. Et il lui a montré le royaume céleste, all.

ORAISON.

En ce jour où nous honorons les Reliques de saint Loup dont vous avez glorifié l'élection au ministère épiscopal, daignez, Seigneur, par son intercession, nous faire la grâce d'assurer, par les bonnes œuvres, notre vocation et notre élection. Nous vous en prions par N. S. J.-C.

oramus ut, ejus intercessione, per bona opera certam nostram vocationem et electionem faciamus : Per Dominum.

Devant les Chefs de saint Didier et saint Boniface, et les Reliques de saint Valérien, Martyrs.

Ant. Une lumière éternelle éclairera vos Saints, et la mesure de leur bonheur sera l'éternité, all.

℣. Saints et justes, réjouissez-vous dans le Seigneur, alleluia.

℟. Dieu vous a choisis pour son héritage, allel.

ORAISON.

O Dieu qui nous accordez d'honorer les Reliques de vos Martyrs Didier, Boniface et Valérien, faites-nous la grâce de jouir en leur compagnie du bonheur éternel. Par N. S. J.-C.

Ant. Lux perpetua lucebit Sanctis tuis, Domine, et æternitas temporum, alleluia.

℣. Sancti et Justi, in Domino gaudete, alleluia.

℟. Vos elegit Deus in hæreditatem sibi, allel.

ORATIO.

Deus, qui nos concedis Sanctorum Martyrum tuorum Desiderii, Bonifacii et Valeriani Reliquias colere ; da nobis in æternâ beatitudine de eorum societate gaudere. Per Dominum.

Devant une Relique de saint Etienne de Muret, Confesseur.

Ant. Hic vir despiciens mundum et terrena triumphans, divitias cœlo condidit ore, manu, alleluia.

℣. Justum deduxit Dominus per vias rectas, alleluia.

℟. Et ostendit illi regnum Dei, alleluia.

ORATIO.

Deus, qui nos Reliquiarum beati Stephani, Confessoris tui, veneratione lætificas, concede propitius; ut cujus memoriam colimus, etiam actiones imitemur. Per Dominum.

Ant. Méprisant le monde et triomphant des pensées terrestres, ce saint a acquis par ses paroles et par ses actions un trésor dans le ciel, all.

℣. Le Seigneur a conduit le juste par des voies droites, alleluia.

℟. Et lui a fait voir le royaume de Dieu, all.

ORAISON.

O Dieu, qui nous donnez une vraie joie en nous faisant vénérer les Reliques de saint Etienne, votre confesseur; accordez-nous, qu'en honorant sa mémoire, nous imitions ses vertus. Par N. S. J.-C.

Devant les Reliques des Rois-Mages.

Ant. Apertis thesauris suis, obtulerunt Magi Domino aurum, thus et

Ant. Les Mages, ouvrant leurs trésors, offrirent au Seigneur de l'or, de l'encens et de la myrrhe, alleluia.

℣. Les rois de Tharses et les îles lui présentèrent des offrandes. Allel.

℟. Les rois d'Arabie et de Saba lui apportèrent des présents, allel.

ORAISON.

Dieu, qui avez manifesté votre Fils unique aux Gentils par l'apparition d'une étoile, faites que, vous connaissant déjà par la lumière de la foi, nous ayons un jour le bonheur de vous contempler dans l'éclat de la divine Majesté. Par le même J.-C. N. S.

myrrham, alleluia.

℣. Reges Tharsis et Insulæ munera offerent, alleluia.

℟. Reges Arabum et Saba dona adducent, alleluia.

ORATIO.

Deus, qui unigenitum tuum Gentibus, stellâ duce, revelâsti, ut qui jam te ex fide cognovimus, usque ad contemplandam speciem tuæ altitudinis perducamur. Per eumdem Dominum.

Devant la Relique de sainte Valérie, Vierge et première Martyre.

Ant. Oh ! que vous êtes digne de gloire, bienheureuse Valérie, qui avez rejeté la main du duc Etienne pour vous

Ant. O quàm glorificanda es, beata Valeria, quæ ducem Stephanum respuisti, dùm Christo, Virginum sponso, virginitatem vovens, adhæsisti! alleluia.

℣. Ora pro nobis, beata Valeria, alleluia.

℟. Ut digni efficiamur promissionibus Christi, alleluia.

OREMUS.

Omnipotens sempiterne Deus, qui, beatam Valeriam, Virginem tuam, per Martyrii palmam cœlestem fecisti conscendere gloriam; da nobis ejus suffragantibus meritis, cunctorum veniam delictorum, ut ad ejusdem mereamur pertingere consortium : Per Dominum.

attacher, par le vœu de virginité, au Christ, époux des Vierges! all.

℣. Priez pour nous, sainte Valérie, alleluia.

℟. Afin que nous soyons rendus dignes des promesses de J.-C., alleluia.

ORAISON.

Dieu tout-puissant et éternel, qui par la palme du Martyre, avez appelé à la gloire céleste sainte Valérie, votre Vierge, daignez, en considération de ses mérites, nous accorder le pardon de nos fautes, afin que nous méritions de partager un jour son bonheur : Par N. S. J.-C.

Devant la Relique de sainte Marie-Madeleine.

Ant. Mulier quæ erat in civitate peccatrix, attulit alabastrum unguenti, et stans retro

Ant. Une femme pécheresse, qui demeurait dans la ville, vint avec un vase d'albâtre plein de parfum, et se tenant derrière, aux pieds de Jésus, elle commença à les arroser de ses larmes et à les essuyer de ses cheveux, alleluia.

℣. La grâce est répandue sur vos lèvres, allel.

℟. C'est pour cela que Dieu vous a bénie pour l'éternité, alleluia.

ORAISON.

O Dieu, qui, vous laissant fléchir par les prières de sainte Marie-Madeleine, avez ressuscité son frère Lazare, mort depuis quatre jours, faites-nous ressentir, dans nos besoins, les effets de son intercesion : Vous qui étant Dieu, vivez et régnez dans les siècles des siècles.

secus pedes Domini, lacrymis cœpit rigare pedes ejus, et capillis suis tergebat, alleluia.

℣. Diffusa est gratia in labiis tuis, alleluia.

℟. Propterea benedixit te Deus in æternum, alleluia.

ORATIO.

Beatæ Mariæ Magdalenæ, quæsumus, Domine, suffragiis adjuvemur : cujus precibus exoratus quatriduanum fratrem Lazarum vivum ab inferis resuscitâsti. Qui vivis et regnas in sæcula sæculorum.

Devant la Relique de sainte Agathe, Vierge et Martyre.

Ant. J'invoque le Dieu vivant qui a daigné me

Ant. Qui me dignatus est ab omni plagâ curare

et mamillan meam meo pectori restituere ipsum invoco Deum vivum, alleluia.

℣. Specie tuâ et pulchritudine tuâ, allel.

℟. Intende, procede prosperè et regna, allel.

ORATIO.

Deus, qui inter cœtera potentiæ tuæ miracula, etiam in sexu fragili victoriam martyrii contulisti; concede propitius, ut qui beatæ Agathæ, Virginis et Martyris tuæ Reliquias colimus, ejus exempla gradiamur. Per Dominum.

guérir de toutes mes blessures et rendre à ma poitrine mon sein violemment arraché, allel.

℣. Parée de votre gloire et de votre beauté, al.

℟. Apprêtez-vous à combattre, à vaincre et à régner, alleluia.

ORAISON

O Dieu qui parmi toutes les merveilles de votre puissance avez fait remporter la palme du martyre au sexe même le plus faible; accordez nous, s'il vous plaît, qu'en honorant les Reliques de votre Vierge et Martyre Agathe, nous profitions de ses exemples pour nous élever jusqu'à vous. Par N. S. J.-C.

Devant la Relique de saint Nice, Confesseur, Disciple de saint Martial.

Ant. Similabo eum viro sapienti qui ædifi-

Ant. Je le comparerai à un homme sage qui a

bâti sa maison sur la pierre, alleluia.

℣. Le Seigneur l'a aimé et revêtu de honneur, alleluia.

℟. Il lui a donné un vêtement de gloire, allel.

ORAISON

Que l'intercession du Confesseur saint Nice, nous vous en supplions, Seigneur, nous rende agréables à Votre Majesté, afin que nous obtenions, par sa protection, les grâces que nous ne pouvons espérer de nos mérites. Par N. S. J.-C.

cavit domum suam supra petram, alleluia.

℣. Amavit eum Dominus et ornavit eum, alleluia.

℟. Stolam gloriæ induit eum, alleluia.

OREMUS

Intercessio nos, quæsumus, Domine, beati Nicii, Confessoris, commendet : ut quod nostris meritis non valemus, ejus patricinio assequamur. Per Dominum.

Devant les autres saintes Reliques.

Ant. Les corps des saints reposent en paix, et leurs noms vivront éternellement, alleluia.

℣. Justes, réjouissez-vous dans le Seigneur et tressaillez d'allégresse, alleluia.

Ant. Corpora Sanctorum in pace sepulta sunt, et vivent nomina eorum in æternum, allel.

℣. Lætamini Domino et exultate, Justi, alleluia.

℟. Et gloriamini, omnes recti corde, alleluia.

℟. Glorifiez-vous en lui, vous tous qui avez le cœur droit, alleluia.

OREMUS.

Auge in nobis, Domine, resurrectionis fidem; qui in sanctorum tuorum Reliquiis mirabilia operaris; et fac nos immortali gloriæ participes, cujus in eorum cineribus pignora veneramur. Per Dominum.

ORAISON

Seigneur, qui opérez des prodiges par les Reliques de vos saints, augmentez en nous la foi en la résurrection, et rendez-nous participants de cette gloire immortelle dont nous honorons les gages dans leurs cendres. Par. N. S. J.-C.

PRIÈRES (1)

POUR CHAQUE JOUR DE LA SEMAINE

DEVANT LE CHEF DE SAINT MARTIAL

APOTRE.

LE DIMANCHE.

HYMNUS.

Dive, quem latis pia turba terris
Gens Aquitanûm colit, ut parentem

HYMNE.

Grand Saint, toute l'Aquitaine, cette pieuse nation, vous honore comme son père; c'est

(1) Quoique ces prières ne soient pas liturgiques, nous avons cru devoir les publier ici, à cause de leur antiquité. Elles se trouvent, en effet, dans le premier Guide, publié en 1638.

vous qui l'avez engendrée à Jésus-Christ, et qui l'avez pour toujours soumise à son empire.

Nata, quam Christo geminitan jugâsti
Omne per ævum.

Dès que le Prince des Apôtres vous eut destiné pour ces contrées, vous y volâtes aussitôt. Une verge miraculeuse vous rend redoutable aux démons, et vous mettez en fuite cette foule d'esprits séducteurs.

Missus à Petro simul hùc volaras;
Obstupescendâ metuende virgâ,
Dæmonum larvas et amica fraudum
Agmina pellis.

Toutes sortes de maladies, la mort même cède à vos volontés; vous faites luire un beau ciel sur les peuples du Limousin, vous leur montrez Jésus-Christ comme le seul astre qui éclaire le monde.

Omne morborum genus, omne læthi
Ad tuos nutus fugit; et sereno
Christus è cœlo Lemovicis oris
Emicat unus.

Pénétrés de reconnaissance pour tant de bienfaits, nous offrons à l'envi et notre encens et nos vœux; nous vous invoquons comme notre protecteur, et nous vé-

Indè tantorum memores honorum,
Thura certatim damus atque vota;
Te suum clamat Lemovix, colitque Ossa parentis,

nérons vos ossements comme les Relques de notre Père dans la foi.

Ossa queis cœlum redeat serenum, Vel cadant cœlo pluviæ, reclusis; Ossa cunctorum medicina quæ sunt certa malorum.	Reliques, dont l'exposition nous procure encore, dans le besoin, ou du beau temps ou de la pluie; Ossements précieux, en qui nous trouvons un remède assuré contre tous nos maux.
Quæ fuit vivo tibi gens amica, Illius nunc te moveant labores; Posthumam vultu placido, precamur, Respice prolem,	Pendant votre vie, glorieux Apôtre, vous avez tendrement chéri nos pères : nous sommes leur postérité : daignez encore compatir à nos maux, et jetez sur nous des regards favorables, nous vous en supplions.
Ut Patri tecum, Pariterque Proli, Flamini et Sancto, quibus expiasti Plebem Aquitaniam, socios canamus Jugiter hymnos. Amen. (1).	Afin qu'unis à vous nous chantions à jamais les louanges du Père, et du Fils, et du Saint-Esprit, par qui vous avez régénéré les peuples d'Aquitaine. Ainsi soit-il.

(1) Cette hymne peut se répéter tous les jours de la semaine.

Ant. O Martial, véritablement saint et glorieux Apôtre par qui l'Aquitaine a connu son Créateur! c'est par suite de vos nombreux prodiges que les Lémovices commencèrent à croire à leur Rédempteur et Sauveur, alleluia.

℣. Priez pour nous, saint Martial, alleluia.

℟. Afin que nous soyons dignes des promesses de J.-C., allel.

ORAISON.

Dieu tout-puissant et éternel, qui avez voulu que saint Martial, Apôtre, ait été Pasteur dans votre sainte Eglise; nous vous supplions, par son intercession et par ses mérites, de nous accorder la grâce de votre miséricorde. Ainsi soit-il.

Ant. O verè sanctum et gloriosum Martialem Apostolum, per quem Aquitania suum agnovit Creatorem! et per ejus miraculorum Lemovicenses in suum credere cœperunt Redemptorem et Salvatorem, alleluia.

℣. Ora pro nobis, sancte Martialis, alleluia.

℟. Ut digni efficiamur promissionibus Christi, alleluia.

ORATIO.

Omnipotens sempiterne Deus, qui beatum Martialem, Apostolum tuum, Ecclesiæ tuæ sanctæ præesse voluisti: quæsumus nobis, ejus suffragantibus meritis, pietatis tuæ gratiam largiaris. Per Dominum.

LE LUNDI.

Ant. O Præsul beatissime, ô Martialis Doctor et Pastor Aquitanorum, audi preces servulorum, et intercede pro salute omnium populorum. Alleluia.

℣. In medio populi exaltabitur, alleluia.

℟. Et in plenitudine sanctâ gloriabitur, all.

ORATIO.

Deus, qui beatum Martialem prædicationis gratiâ sublimâsti: tribue, quæsumus, ejus nos semper et eruditione proficere, et intercessione gaudere. Per Dominum.

Ant. O bienheureux Prélat, ô Martial, Docteur et Pasteur des Aquitaines, écoutez les prières de vos petits enfants, et intercédez pour le salut de tous les peuple. Alleluia.

℣. Il sera exalté au milieu de son peuple, al.

℟. Et dans l'assemblée sainte il sera glorifié, al.

ORAISON.

O Dieu, qui avez fait à saint Martial, Apôtre, l'honneur et la grâce de prêcher votre Evangile, faites, s'il vous plaît, que nous profitions de la doctrine qu'il a enseignée, et que nous soyons protégés par son intercession. Par N.-S. J.-C. Ainsi soit-il.

LE MARDI.

Ant. O grand Pontife, ineffable par la grandeur de tant de miracles, Martial, notre Apôtre ! Que sa vertu, ô Seigneur, nous élève, nous que menace une immense perversité, et qu'elle conduise tout le troupeau confié à sa garde jusqu'au bonheur préparé par vous à vos Saints, alleluia.

Ant. O magnum Primatem in tantorum virtute miraculorum, ineffabilem Martialem Apostolum ! ejus Domine nos sublevet pietas, quos mergit ingens pravitas, omnemque gregem sibi commissum perducat ad gaudium sanctis à te præparatum, alleluia.

℣. Au milieu de la multitude des Élus il recevra des louanges, alleluia.

℣. In multitudine electorum habebit laudem, alleluia.

℟. Et il sera béni au milieu de ceux qui seront comblés de bénédictions, alleluia.

℟. Et inter benedictos benedicetur, alleluia.

ORAISON.

O Dieu, qui avez donné à votre peuple la connaissance de votre nom par le moyen de saint Martial, Apôtre ; faites, s'il vous plaît, que com-

ORATIO.

Deus, qui populo tuo agnitionem tui nominis per beatum Martialem Apostolum tuum revelâsti : præsta, quæsumus, ut sicut in terris

D cfor extitit veritatis, ita nobis in cœlo indulgentiam obtineat tuæ pietatis. Per Dominum.

me il a été sur la terre le Docteur de la vérité, il nous obtienne aussi dans le ciel les effets de votre bonté et de votre miséricorde. Par N. S. J.-C.

LE MERCREDI,

Ant. In omni opere dedit Dominus confessionem sancto et excelso in verbo gloriæ : dedit illi in celebrationibus decus et ornavit tempora usque in consummationem vitæ, alleluia.

℣. Statuit filios suos sub tegmine illius, al.

℟. Et sub ramis illius morabuntur, alleluia.

OREMUS.

Deus, qui Ecclesiam tuam in Apostolicis tribuisti fundamentis ; præsta, quæsumus, ut qui devotè ad beati Apos-

Ant. En toutes ses œuvres il a rendu gloire au saint et au Très-Haut par des paroles de louanges, et il a donné de la pompe à la célébration des fêtes et il a orné les temps sacrés jusqu'à la fin de sa vie, alleluia.

℣. Il établira ses fils sous son couvert, allel.

℟. Et ils demeureront sous ses branches, allel.

ORAISON.

O Dieu, qui avez voulu que votre Eglise fût établie sur les Apôtres comme sur des fondements : faites, s'il vous plaît, qu'honorant les Reliques de saint Martial Apôtre nous méritions d'être remplis de la grâce du Saint-Esprit. Par J.-C. N. S.

toli Martialis conveniunt Reliquias, tuo auxilio muniantur, et Spiritûs Sancti gratiâ repleantur. Per Dominum.

LE JEUDI.

Ant. Dieu a fait avec lui une alliance de paix, il lui a donné l'empire des choses saintes et de sa nation, afin qu'à lui et à sa postérité soit à jamais la dignité du Sacerdoce, alleluia.

Ant. Statuit illi Dominus testamentum pacis, principem Sanctorum et gentis suæ, ut sit illi et semini ejus Sacerdotii dignitas in æternum, alleluia.

℣. Le Seigneur l'a glorifié en présence des rois, alleluia.

℣. Magnificavit eum in conspectu regum, alleluia.

℟. Et il lui a montré sa gloire, alleluia.

℟. Et dedit illi coronam gloriæ, alleluia.

ORAISON.

Remplissez de joie, Seigneur, nous vous en supplions, votre Eglise dans cette solennité que nous célébrons à l'honneur de saint Martial Apôtre; et faites que

ORATIO.

Da, quæsumus, Domine, Ecclesiæ tuæ, in hâc beati Martialis, Apostoli tui, celebritate lætitiam, ut cujus membra pio honore veneratur in terris, ejus intercessionibus sublevetur in cœlis. Per Dominum.

nous soyons appuyés dans le ciel de l'intercession de celui dont nous honorons les Reliques sur la terre. Par N. S. J.-C.

LE VENDREDI.

Ant. Hic est Sanctus qui curavit gentem suam, et liberabit eam à perditione, qui prævaluit amplificare civitatem, et adeptus est gloriam in conversatione gentis. alleluia.

℣. Benedictionem gentium de it illi, alleluia.

℟. Et testamentum suum confirmavit super caput ejus, alleluia.

Ant. Ce Saint a eu soin de sa nation et il l'a délivrée de la perdition ; il a été assez puissant pour agrandir la cité, et il a acquis de la gloire en vivant au milieu de son peuple, alleluia.

℣. Le Seigneur lui a donné la bénédiction des nations, alleluia.

℟. Et il a confirmé son alliance sur sa tête, alleluia.

ORATIO.

Da, quæsumus, Domine, vitiorum nostrorum flammas extinguere, qui beati Martialis, Apostoli tui, precibus popu-

ORAISON.

Eteignez en nous, Seigneur, nous vous en supplions, les flammes de nos passions, vous qui avez délivré d'une mamière admirable, par le moyen des Reliques de saint Martial, les peuples d'Aquitaine des ardeurs du feu qui les brûlait intérieurement. Par N. S. J.-C.

lum Aquitanicum ab igne subcutaneo liberâsti. Per Dominum.

LE SAMEDI.

Ant. Il réitéra sa prière, voulant montrer la puissance de Dieu, afin qu'il nous donne la joie du cœur et que la paix se fasse dans nos jours, alleluia.

℣. La bénédiction du Seigneur, alleluia.

℟. Est sur la tête du Juste, alleluia.

Ant. Iteravit orationem suam, volens ostendere virtutem Dei, ut det nobis jucunditatem cordis, et fieri pacem in diebus nostris, alleluia.

℣. Benedictio Domini, alleluia.

℟. Super caput Justi, alleluia.

ORAISON.

O Dieu, qui avez donné à votre peuple saint Martial Apôtre pour le conduire au salut éternel; faites, s'il vous plaît, que nous méritions de l'avoir pour interces-

OREMUS.

Deus, qui populo tuo æternæ salutis beatum Martialem Apostolum tuum ministrum tribuisti; præsta, quæsumus, ut quem doctorem vitæ habuimus in terris, intercessorem habere mereamur in cœlis. Per Dominum.

seur dans le ciel, comme nous avons eu le bonheur de l'avoir pour docteur sur la terre. Par N. S. J.-C.

DANS L'ÉGLISE DE SAINT-PIERRE-DU-QUEYROIX

Pour adorer le très-saint Sacrement.

Adoro te devotè latens Deitas,
Quæ sub his figuris verè latitas :
Tibi se cor meum totum subjicit,
Quia te contemplans totum deficit.

Jesu quem velatum nunc aspicio,
Oro, fiat illud quod tam sitio,
Ut, te, revelatâ cernens facie,
Visu sim beatus tuæ gloriæ. Amen.

Prosterné devant vous, je vous adore, ô Dieu vraiment caché sous ces espèces. Mon cœur se soumet à vous tout entier, parce qu'en vous contemplant ainsi il est anéanti.

O Jésus, je ne vois maintenant qu'à travers un voile, remplissez l'ardent désir de mon âme ; qu'un jour mes yeux, perçant le nuage qui vous cache, jouissent à découvert de la vue de votre gloire. Ainsi soit-il.

Devant la Relique de la vraie Croix.

Chante, ma langue, la couronne du glorieux combat, célèbre le noble triomphe dont la Croix est le trophée et la victoire que le Rédempteur du monde a remporté dans son immolation.

Pange, lingua gloriosi
Lauream certaminis,
Et super Crucis trophæo
Dic triumphum nobilem
Qualiter redemptor orbis
Immolatus vicerit.

O Croix, notre espérance, arbre le plus noble de tous, nulle forêt n'a produit ton pareil pour le feuillage, la fleur et le fruit. Tu nous es cher, ô bois, et plus cher encore le doux Fardeau suspendu à tes clous sacrés.

Crux fidelis inter omnes
Arbor una nobilis,
Nulla silva talem profert
Fronde, flore, germine.
Dulce lignum, dulces clavos,
Dulce pondus sustinet.

Devant la Relique de saint Martial, Apôtre.

Ant. Saluons avec allégresse le retour de l'auguste solennité de notre bienheureux Patron, et célébrons-la avec

Ant. Venerandam beatissimi Patroni nostri Martialis excipientes solemnitatem devotissimè celebremus; ut ipse qui, ubente Domino, Aquitanicæ gentis Pastor et Doctor exstitit primus, suis obstineat meritis ut consortes ipsius efficiamur in cœlestibus, allel.

℣. Ora pro nobis, beate Martialis, alleluia.

℟. Et digni efficiamur promissionibus Christi, alleluia.

OREMUS.

Omnipotens sempiterne Deus, qui beatum Martialem Apostolum Ecclesiæ tuæ sanctæ præesse voluisti; quæsumus ut nobis, ejus suffragantibus meritis, pietatis tuæ gratiam largiaris Per Dominum.

piété, afin que, après avoir été, par la mission de Dieu, le premier Docteur du peuple d'Aquitaine, il obtienne, par ses mérites, que nous ayons part à sa gloire dans le ciel. Alleluia.

℣. Priez pour nous, bienheureux Martial, al.

℟. Afin que nous soyons rendus dignes des promesses de J.-C.

ORAISON.

Dieu tout-puissant et éternel, qui avez appelé au gouvernement de votre sainte Eglise le bienheureux Apôtre Martial, daignez, en considération de ses mérites, faire descendre sur nous les effets de votre miséricorde. Par N. S. J.-C.

Devant la Relique de sainte Valérie, Vierge et première Martyre des Gaules.

Ant. O quelle est votre gloire, Bienheureuse Valérie, qui avez dédaigné le duc Etienne, parce que vous vous étiez donné à Jésus, l'Epoux des Vierges, par le vœu de virginité, alleluia.

℣. Priez pour nous, sainte Valérie, alleluia.

℟. Afin que nous soyons faits dignes de Jésus-Christ, alleluia.

ORAISON.

Dieu tout-puissant et éternel, qui avez appelé par la palme du Martyre à la gloire céleste sainte Valérie, votre Vierge, daignez, en considération de ses mérites, nous accorder le pardon de nos fautes, afin que nous méritions de partager un jour son bonheur. Par N. S. J.-C.

Ant. O quàm glorificanda es, beata Valeria, quæ ducem Stephanum respuisti dum, Christo, Virginium sponso, Virginitatem vovens, adhæsisti! alleluia.

℣. Ora pro nobis, beata Valeria, alleluia.

℟. Ut digni efficiamur promissionibus Christi, alleluia.

ORATIO.

Omnipotens sempiterne Deus, qui beatam Valeriam, Virginem tuam, per Martyrii palmam cœlestem fecisti conscendere gloriam; da nobis, ejus suffragantibus meritis, cunctorum veniam delictorum, ut ad ejusdem mereamur pertingere consortium: Per Dominum.

Devant les Chefs de saint Clément et saint Élisée, Martyrs.

Ant. Istorum est enim regnum cœlorum qui contempserunt vitam mundi et pervenerunt ad præmia regni et laverunt stolas suas in sanguine Agni, alleluia.

Ant. Le royaume des cieux appartient à ceux qui ont méprisé la vie de ce monde et qui sont parvenus à obtenir les recompenses éternelles, après avoir lavé leurs robes dans le sang de l'agneau, alleluia.

℣ Lætamini in Domino et exultate, Justi, allel.

℣. Justes, rejouissez-vous dans le Seigneur, et tressaillez d'allegresse, alleluia.

℟, Et gloriamini, omnes recti corde, allel.

℟. Glorifiez-nous en lui, vous tous qui avez le cœur droit, alleluia.

ORATIO

Deus qui nos concedis sanctorum Martyrum tuorum Clementis et Elisei Reliquias colere : da nobis in æternâ beatitudine de eorum societate gaudere. Per Dom.

ORAISON.

O Dieu qui nous accordez d'honorer les Reliques de vos saints Martyrs Clément et Elisée, faites nous jouir avec eux de la félicité éternelle. Par N. S. J.-C.

Devant le Chef de sainte Orthmarie, compagne de sainte Ursule.

Ant. Venez, épouse de Jésus-Christ, recevez la couronne que le Seigneur vous a préparée dans l'éternité, alleluia.

℣. Dieu a jeté sur elle des regards favorables, al.

℟. Il est au milieu d'elle et elle ne sera point ébranlée, alleluia.

ORAISON.

Que la bienheureuse Orthmarie, Vierge et Martyre implore pour nous votre miséricorde, Seigneur; elle qui a été toujours agréable par le mérite de la chasteté et par le courage qu'elle a reçu de vous; Par N. S. J.-C.

Ant. Veni, sponsa Christi, accipe coronam quam tibi Dominus præparavit in æternum, alleluia.

℣. Adjuvavit eam Deus vultu suo, alleluia.

℟. Deus in medio ejus non commovebitur, allel.

ORATIO.

Indulgentiam nobis, quæsumus, Domine, beata Orthmaria, Virgo et Martyr imploret; quæ tibi grata semper extitit et merito caritatis et tuæ professione virtutis: Per Dominum.

Devant les Reliques des saints Auctus, Simplicius, Aurelius, Reparat et Donat.

Ant. Les âmes des Saints qui ont marché

Ant. Gaudent in cœlis animæ Sanctorum qui

Christi vestigia sunt secuti; et quia pro ejus amore sanguinem suum fuderunt, ideo cum Christo exsultant sine fine, alleluia.

℣. Exsultabunt Sancti in gloriâ, alleluia.

℟. Lætabuntur in cubilibus suis, alleluia.

ORATIO.

Beatorum Martyrum Aucti, Simplicii, Aurelii, Reparati et Donati, nos, quæsumus, Domine, Reliquiæ tueantur, et eorum commendet oratio veneranda : Per Dominum.

sur les traces de Jésus-Christ sont comblées de joie dans le ciel ; parce qu'ils ont répandu leur sang pour son amour, ils jouissent avec eux d'un bonheur qui n'aura pas de fin, alleluia.

℣. Les Saints tressailleront de joie dans la gloire, alleluia.

℟. Il feront éclater leurs transports dans le lieu de leur repos, alleluia.

ORAISON.

Faites, Seigneur, nous vous en prions que par les Reliques de vos Martyrs saint Auctus, Simplicius, Aurelius, Reparat et Donat, nous soyons assistés de leur protection, et que leurs saintes prières nous rendent agréables à Votre Majesté : Par N. S. J. C.

Devant la Relique de saint Léonard, Confesseur.

Ant. O Sauveur des captifs, qui ouvrez les prisons, Léonard, obtenez-nous le pardon de nos péchés, alleluia.

℣. Le Seigneur l'a aimé et l'a revêtu d'honneur, alleluia.

℟. Il lui a donné un vêtement de gloire, all.

ORAISON.

O Dieu, qui avez accordé à saint Léonard une grâce spéciale pour la délivrance des captifs, daignez, par l'intercession de ses mérites, nous dégager de tous liens des vices, afin que nous acquérions une parfaite liberté : Par N. S. J.-C.

Ant. O salvator captivorum, et confractor carcerum, Leonarde, posce nobis veniam peccaminum, alleluia.

℣. Amavit eum Dominus et ornavit eum, alleluia.

℟. Et stolam gloriæ induit eum, alleluia.

ORATIO.

Deus, qui singularem in liberandis captivis gratiam beato Leonardo contulisti; concede propitius ut, illius intercedentibus meritis, à cunctis vitiorum vinculis soluti, perfectam libertatem consequâmur : Per.

Devant la Relique de saint Etienne de Muret.

Ant. Méprisant le monde et triomphant des pensées terrestres, ce

Ant. Hic vir despiciens mundum et terrena triumphans, divitias cœlo condidit ore, manu, alleluia.

℣. Justum deduxit Dominus per vias rectas, alleluia.

℟. Et ostendit illi regnum Dei, alleluia.

ORATIO.

Deus qui nos Reliquiarum beati Stephani, Confessoris tui, veneratione lætificas; concede propitiùs, ut cujus memoriam colimus, etiam actiones imitemur: Per Dominum.

saint a acquis, par ses paroles et par ses actions, un trésor dans le ciel, al.

℣. Le Seigneur a conduit le juste par des voies droites, alleluia.

℟. Et il lui a fait voir le royaume de Dieu, al.

ORAISON.

O Dieu, qui nous donnez une vraie joie en nous faisant vénérer les Reliques de saint Etienne, votre Confesseur, accordez-nous qu'en honorant sa mémoire, nous imitions ses vertus: Par N. S. J.-C.

Devant la Relique de sainte Ursule et de ses compagnes, saintes Seconde, Albine, Panaphrète, Exparre, Victoire, Vierges et Martyres.

Ant. Prudentes Virgines, aptate lampades vestras: ecce Sponsus venit, exite obviam ei, al.

℣. Adducentur Regi Virgines post eam, alleluia.

Ant. Vierges sages, préparez vos lampes: voilà l'Époux qui vient, allez au-devant de lui, al.

℣. A sa suite les Vierges seront amenées au Roi, alleluia.

℟. Ses compagnes vous seront présentées, Seigneur, alleluia.

ORAISON.

Accordez-nous, Seigneur notre Dieu, nous vous en supplions, la grâce d'honorer avec une constante piété les triomphes de votre Vierge et Martyre Ursule et de ses compagnes, Seconde, Albine, Panaphrète, Exparre et Victoire ; afin que si nous ne pouvons célébrer dignement leurs louanges, nous leur offrions du moins nos humbles hommages. Par N. S. J.-C.

℟. Proximæ ejus afferentur tibi, alleluia.

ORATIO.

Da nobis, quæsumus, Domine Deus noster, sanctæ Ursulæ, Virginis et Martyris tuæ et Sociarum Secundæ, Albinæ, Panaphretæ, Exparræ et Victoriæ palmas incessabili devotione venerari, ut quas mente non possumus, humilibus salutem frequentemus obsequiis : Per Dominum.

Devant les autres saintes reliques.

Ant. Les corps des Saints reposent en paix, et leurs noms vivront éternellement, alleluia.

℣. Justes, réjouissez-

Ant. Corpora Sanctorum in pace sepulta sunt, et vivent nomina eorum in æternum, alleluia.

℣. Lætamini in Domino et exultate ,Justi. alleluia.

R/. Et gloriamini, omnes recti corde , alleluia.

ORATIO.

Auge in nobis, Domine, resurrectionis fidem, qui, in Sanctorum tuorum R liquiis mirabilia operaris ; et fac nos immortalitatis gloriæ participes, cujus in eorum cineribus pignora veneramur : Per Dominum.

vous dans le Seigneur et tressaillez d'allégresse, alleluia.

R/. Glorifiez-vous en lui, vous tous qui avez le cœur droit, alleluia.

ORAISON.

Seigneur, qui opérez des prodiges par les Reliques de vos Saints, augmentez en nous la foi en la résurrection, et rendez-nous participants de cette gloire immortelle dont nous honorons les gages dans leurs cendres : Par N. S. J.-C.

DANS L'ÉGLISE SAINTE MARIE.

Pour adorer le très-saint Sacremnnt.

O salutaris Hostia
Quæ cœli pandis ostium
Bella premunt hostilia,
Da robur, fer auxilium.

O Victime salutaire qui ouvrez le ciel, l'ennemi nous livre de rudes combats. Fortifiez-nous contre ses attaques, prêtez-nous votre secours.

Uni trinoque Domino
Sit sempiterna gloria

Gloire éternelle au Dieu unique en trois

personnes : qu'il daigne nous donner la vie éternelle dans la céleste patrie. Amen.

Qui vitam sine termino
Vobis donet in patriâ,
Amen.

Devant la Relique de la vraie Croix.

Salut, ô Croix notre unique espérance, qui portez la joie pascale, faites croître la grâce dans le Juste, effacez le crime du pécheur.

Que toute âme vous glorifie, ô Trinité, principe de notre salut; vous donnez la victoire par la Croix : daignez y ajouter la récompense. Amen.

O crux, ave, spes unica
Paschale quæ fers gaudium,
Piis adauge gratiam,
Reisque dele crimina.

Te fons salutis Trinitas,
Collaudet omnis spiritus :
Quibus crucis victoriam
Largiris adde præmium.
Amen.

Devant les Reliques de sainte Agathe, Vierge et Martyre.

Ant. La bienheureuse Agathe, debout au milieu de la prison, les mains étendues, priait le Seigneur et disait : Seigneur Jésus-Christ, maître

Ant. Stans beata Agatha in medio carceris, expansis manibus, orabat ad Dominum : Domine Jesu Christe, Magister bone, gratias tibi ago, qui me fecisti vincere tormenta carnificum. Jube me, Domine, ad tuam inenarrabilem gloriam feliciter pervenire, alleluia.

plein de bonté, je vous rends grâce de m'avoir fait surmonter les efforts des bourreaux : ordonnez, Seigneur, que je jouisse du bonheur éternel dans votre gloire immortelle, alleluia.

℣. Diffusa est gratia in labiis tuis, alleluia.

℟. Propterea benedixit te Deus in æternum, alleluia.

℣. La grâce est répandue sur vos lèvres, allel.

℟. C'est pour cela que Dieu vous a bénie pour l'éternité, alleluia.

ORATIO.

Deus, qui inter cætera potentiæ tuæ miracula etiam in sexu fragili victoriam martyris contulisti : concede propitius, ut qui beatæ Agathæ, Virginis et Martyris tuæ Reliquias colimus, per ejus ad te exempla gradiamur. Per Dominum.

ORAISON.

O Dieu, qui parmi toutes les merveilles de votre puissance, avez fait remporter la victoire du martyre au sexe le plus faible, accordez-nous, s'il vous plaît, la grâce qu'en honorant les Reliques de votre Vierge et Martyre Agathe, nous profitions de ses exemples pour nous élever jusqu'à vous. Par N. S. J.-C.

Devant les Reliques de saint Blaise, saint Christophe, saint Achaïe, l'un des dix mille Crucifiés, saint Denis, saint Laurent, saint Léger, Martyrs.

Ant. Une lumière éternelle éclairera les Saints, Seigneur : et la mesure de leur bonheur sera l'éternité, alleluia.

℣. Saints et Justes, réjouissez-vous dans le Seigneur, alleluia.

℟. Dieu vous a choisis pour son héritage, allel.

ORAISON.

Faites, s'il vous plaît, Dieu tout-puissant, que, par l'intercession de vos saints Martyrs Blaise, Christophe, Achaïe, Denis, Laurent, Léger, nos corps soient délivrés de toutes sortes d'adversités et nos âmes purifiées de toutes mauvaises pensées. Par N. S. J.-C.

Ant. Lux perpetua lucebit Sanctis tuis, Domine, et æternitas temporum, alleluia.

℣. Sancti et Justi, in Domino gaudete, allel.

℟. Vos elegit Deus in hæreditatem sibi, allel.

ORATIO.

Præsta, quæsumus, omnipotens Deus, ut intercedentibus Martyribus tuis Blasio, Christophoro, Achaïo, Dionysio, Laurentio, Leodegario, et à cunctis adversitatibus liberemur in corpore et à pravis cogitationibus mundemur in mente. Per Dominum.

Devant la Relique du bras de saint Fortunat, Martyr.

Ant. Qui vult venire post me, abneget semetipsum, et tollat crucem suam, et sequatur me, alleluia.

℣. Justus ut palma florebit, alleluia.

℟. Sicut cedrus Libani multiplicabitur, alleluia.

ORATIO.

Præsta, quæsumus omnipotens Deus, ut qui beati Fortunati, Martyris tui, Reliquias colimus, intercessione ejus in tui nominis amore roboremur. Per Dominum.

Ant. Que celui qui veut venir après moi renonce à soi même, porte sa croix et me suive, alleluia.

℣. Le juste fleurira comme le palmier, allel.

℟. Il croîtra comme le cèdre du Liban, allel.

ORAISON.

Faites, nous vous en prions, Dieu tout-puissant, que, par l'intercession de saint Fortunat, votre Martyr, dont nous honorons les Reliques, nous soyons fortifiés sur la terre dans l'amour de votre nom. Par N. S. J.-C.

Devant les Reliques de saint Maxime, saint Vincent, saint Macaire, saint Maure, saint Tran et saint Brandan, de la Légion Thébaine.

Ant. Filiæ Jerusalem, venite et videte Martyres

Ant. Filles de Jérusalem, venez voir les

Martyrs avec le diadème dont le Seigneur les a couronnés au jour de la solennité et de la joie, alleluia, alleluia.

℣. Une joie éternelle brillera sur leurs fronts, alleluia.

℟. Ils auront en partage la joie et l'allégresse, alleluia.

ORAISON.

Faites, Seigneur, que l'intercession continuelle de vos bienheureux Martyrs Maxime, Valérien, Macaire, Maure, Tran et Brandan nous protége, puisque vous ne cessez de regarder, avec bonté ceux à qui vous accordez l'assistance d'un si puissant secours. Par N. S. J.-C.

cum coronis quibus coronavit eos Dominus in die solemnitatis et lætitiæ, alleluia, alleluia.

℣. Lætitia sempiterna super capita eorum, alleluia.

℟. Gaudium et exultationem obtinebunt, alleluia.

ORATIO.

Beatorum Martyrum Maximi, Valeriani, Macarii, Mauri, Trani et Brandani nos, Domine, foveant continuata præsidia : quia non desinis propitius intueri quos talibus auxiliis concesseris adjuvari. Per Dominum.

Devant la Relique de saint Cessateur, Évêque de Limoges.

Ant. Saint Prêtre et Pontife, qui avez opéré

Ant. Sacerdos et Pontifex et virtutum opifex,

Pastor bone in populo, ora pro nobis Dominum, alleluia.

tant de merveilles, bon Pasteur qui avez si bien gouverné votre peuple, priez le Seigneur pour nous, alleluia.

℣. Amavit eum Dominus et ornavit eum, alleluia.

℟. Stolam gloriæ induit eum, alleluia.

℣. Le Seigneur l'a aimé et l'a revêtu d'honneur, alleluia.

℟. Il lui a donné un vêtement de gloire, allel.

ORATIO.

Da, quæsumus, Omnipotens Deus, ut beati Cessatoris, Confessoris tui atque Pontificis veneranda memoria et devotionem augeat et salutem. Per Dominum.

ORAISON.

Faites, s'il vous plaît, ô Dieu tout-puissant, que l'honneur que nous rendons à saint Cessateur, votre Confesseur et Pontife, serve à augmenter en nous l'esprit de piété et le désir du salut. Par N. S. J.-C.

Devant les Reliques de saint Léonard, Confesseur.

Ant. O Salvator captivorum, et confractor carcerum, Leonarde, posce nobis veniam peccaminum, alleluia.

℣. Ora pro nobis,

Ant. O Sauveur des captifs, qui ouvrez les prisons, Léonard, obtenez-nous le pardon de nos péchés, alleluia.

℣. Priez pour nous,

saint Léonard, alleluia.

℟. Afin que nous devenions dignes des promesses de N. S. J.-C.

sancte Leonarde, allel.

℟. Ut digni efficiamur promissionibus Christi, alleluia.

ORAISON.

O Dieu, qui avez accordé à saint Léonard une grâce spéciale pour la délivrance des captifs, daignez, par l'intercession de ses mérites, nous dégager de tous liens des vices, afin que nous acquérions une parfaite liberté : Par. N. S. J.-C.

ORATIO.

Deus, qui singularem in liberandis captivis gratiam beato Leonardo contulisti ; concede propitius, ut, illius intercedentibus meritis, a cunctis vitiorum vinculis soluti, perfectam libertatem consequamur : Per Dominum.

Devant le bras de saint Gérald, Confesseur.

Ant. Courage, bon et fidèle Serviteur, parce que vous avez été fidèle en de petites choses, je vous établirai sur de grandes; entrez dans la joie du Seigneur, alleluia.

℣. La loi de Dieu est dans son cœur, alleluia.

℟. Et ses pas ne seront point chancelants, alleluia.

Ant. Euge, serve bone et fidelis, quia in pauca fuisti fidelis, supra multa te constituam; intra in gaudium Domini tui, alleluia.

℣ Lex Dei ejus in corde ipsius, alleluia.

℟. Et non supplantabuntur gressus ejus, alleluia.

ORATIO.

Deus, qui nos beati Geraldi, Confessoris tui, commemoratione lætificas, concede, quæsumus, ut cujus Reliquias colimus, etiam actiones imitemur. Per Dominum.

ORAISON.

O Dieu, qui nous réjouissez par la mémoire de saint Gérald, votre Confesseur, faites-nous, s'il vous plaît, la grâce d'imiter ses actions comme nous honorons ses Reliques. Par N. S. J.-C.

Devant les autres saintes Reliques.

Ant. Corpora Sanctorum in pace sepulta sunt, vivent nomina eorum in æternum, al.

℣. Lætamini in Domino et exultate, Justi, allel.

℟. Gloriamini, omnes recti corde, alleluia.

Ant. Les corps des Saints reposent en paix, et leurs noms vivront éternellement, alleluia.

℣. Justes, réjouissez-vous dans le Seigneur et tressaillez d'allégresse, alleluia.

℟. Glorifiez-vous en lui, vous tous qui avez le cœur droit, alleluia.

ORATIO.

Auge in nobis, Domine, resurrectionis fidem, qui in Sanctorum tuorum Reliquiis mira-

ORAISON.

Seigneur, qui opérez des prodiges par les Reliques de vos Saints, augmentez en nous la foi en la résurrection, et rendez-nous participants de cette gloire immortelle dont nous honorons les gages dans leurs cendres. Par N. S. J.-C.

bilia operaris ; et fac nos immortalitatis gloriæ participes, cujus in eorum cineribus pignora veneramur. Per Dominum.

DANS L'ÉGLISE DE SAINT-JOSEPH.

Pour adorer le très-saint Sacrement.

Voici le Pain des Anges devenu la nourriture des hommes : c'est vraiment le pain des enfants qui ne doit point être jeté aux chiens.

Ecce Panis Angelorum
Factus cibus viatorum
Vere panis filiorum
Non mittendus canibus.

Devant les Reliques de saint Alpinien et saint Austrilinien, Confesseurs, Compagnons de saint Martial.

Ant. Je les comparerai à un homme sage qui a bâti sa maison sur la pierre, alleluia.

℣. Le Seigneur les a aimés et les a revêtus d'honneur, alleluia.

Ant. Similabo eos viro sapienti qui ædificavit domum suam supra petram, alleluia.

℣. Amavit eos Dominus, et ornavit eos, alleluia.

℟. Stolam gloriæ induit eos, alleluia.

ORATIO.

Deus, qui de beatos Alpinianum et Austriclinianum, Confessores tuos, dignitate sacerdotii, gloria Discipulatûs Apostolici, ac sanctitatis muneribus adornâsti; Ecclesiam tuam continuâ fac celebritate lætari, ut eorum precibus muniatur quorum natalitiis gloriatur: Per Dominum.

℟. Il leur a donné un vêtement de gloire, al.

ORAISON.

O Dieu, qui avez honoré les bienheureux Alpinien et Austriclinien, vos Confesseurs, de la dignité du Sacerdoce, du titre glorieux de Disciples d'Apôtre et des grâces de la sainteté, faites que votre Eglise mette sa joie à célébrer sans cesse leur mémoire, afin qu'en se glorifiant de leur entrée dans la vie bienheureuse, elle trouve l'appui de leurs prières : Par N. S. J.-C.

Devant la Relique de saint Vincent de Paul, Confesseur.

Ant. Hic vir despiciens mundum et terrena triumphans, divitias cœlo condidit ore, manu, alleluia.

Ant. Méprisant le monde et triomphant des pensées terrestres, cet homme a acquis, par ses actions, un trésor dans le ciel, alleluia.

℣. Le Seigneur a conduit le juste par des voies droites, alleluia.

℟. Et il lui a fait voir le royaume de Dieu, al.

ORAISON.

Dieu, qui avez rempli d'un courage tout apostolique le bienheureux Vincent, afin qu'il évangélisât les pauvres, et qu'il augmentât la gloire de l'ordre ecclésiastique; faites qu'en honorant la sainteté de ses mérites, nous soyons fortifiés par l'exemple de ses vertus : Par N. S. J.-C.

℣. Justum deduxit Dominus per vias rectas, alleluia.

℟. Et ostendit illi regnum Dei, alleluia.

ORATIO.

Deus, qui ad evangelizandum pauperibus et Ecclesiastici Ordinis decorem promovendum, beatum Vincentium apostolicâ virtute roborâsti; præsta, quæsumus, ut cujus pia merita veneramur, virtutum quoque instruamur exemplis. Per Dominum.

Devant les autres saintes Reliques.

Ant. Les corps des Saints reposent en paix, et leurs noms vivront éternellement, alleluia.

℣. Juste, réjouissez-vous dans le Seigneur et tressaillez d'allégresse, al.

℟ Glorifiez-vous en lui, vous tous qui avez le cœur droit, alleluia.

Ant. Corpora Sanctorum in pace sepulta sunt, et vivent nomina eorum in æternum, alleluia.

℣. Lætamini in Domino, et exultate, Justi, al.

℟. Et gloriamini, omnes recti corde, alleluia.

ORATIO.

Auge in nobis, Domine, resurrectionis fidem, qui in Sanctorum tuorum reliquiis mirabilia operaris; et fac nos immortalitatis gloriæ participes, cujus in eorum cineribus pignora veneramur : Per Dominum.

ORAISON.

Seigneur, qui opérez des prodiges par les reliques de vos Saints, augmentez en nous la foi en la résurrection, et rendez-nous participants de cette gloire immortelle dont nous honorons les gages dans leurs cendres : Par N. S. J.-C.

DANS L'ÉGLISE DU SACRÉ-CŒUR.

Pour adorer le très-saint Sacrement.

Cor, Arca legem continens,
Non servitutis veteris,
Sed gratiæ, sed veniæ,
Sed et misericordiæ !

Cœur, arche sainte qui renfermez la loi, non celle de l'antique servitude, mais la loi de grâce, de pardon et de miséricorde !

Cor, sanctuarium novi
Intemeratum fœderis,
Templum vetusto sanctius,
Velumque scisso utilius !

Cœur, sanctuaire si pur de la nouvelle alliance, temple plus saint que l'ancien, voile plus digne que celui qui fut déchiré !

Te vulneratum charitas

Si la charité voulut qu'on vous fît une large

blessure, ce fut pour nous faire vénérer, sous votre symbole, ses feux invisibles.

Ictu patenti voluit,
Amoris invisibilis
Ut veneremur vulnera.

C'est sous ce symbole d'amour que, souffrant des tortures sanglantes et mystiques, le Christ, souverain Prêtre, a offert un double sacrifice.

Hoc sub amoris symbolo
Passus cruenta et mystica,
Utrumque sacrificium
Christus Sacerdos obtulit.

Qui ne lui rendra amour pour amour ? Quel homme attendri par une telle rédemption, n'ira placer dans ce Cœur son éternelle demeure ?

Quis non amantem redamet ?
Quis non redemptus diligat,
Et Corde in isto seligat
Æterna tabernacula ?

Honneur au Père, et au Fils, et au Saint-Esprit, à qui appartiennent puissance, gloire et empire dans tous les siècles. Ainsi soit-il.

Decus Parenti et Filio,
Sanctoque sit Spiritui,
Quibus potestas, gloria
Regnumque in omne est sæculum. Amen.

Devant une Relique de saint Maximin.

Ant. La demeure des Saints est dans le royaume céleste, alleluia, et leur repos dans l'éternité, alleluia.

Ant. In cœlestibus regnis Sanctorum habitatio est, alleluia, et in æternum requies eorum, alleluia.

℣. Fulgebunt Justi. Alleluia.

℟. Sicut sol in conspectu Dei. Alleluia.

OREMUS.

Præsta, quæsumus, Omnipotens Deus, ut qui beati Maximini, Martyrii, Reliquias colimus, intercessione in tui nominis amare roboremur.

℣. Les justes brilleront, alleluia.

℟. Comme le soleil en présence de Dieu, allel.

ORAISON.

Dieu tout-puissant, faites, s'il vous plaît, qu'en honorant les reliques de saint Maximin, Martyr, nous soyons fortifiés par son intercession dans l'amour de votre saint Nom. Par N. S. J.-C.

Devant les autres saintes Reliques.

Ant. Corpora Sanctorum, etc., page 115.

DANS LA CHAPELLE SAINT-AURÉLIEN.

Pour adorer le très-saint Sacrement.

Bone Pastor, panis vere,
Jesu, nostri miserere,
Tu nos pasce, nos tuere,
Tu nos bona fac videre
In terrâ viventium.

Bon Pasteur, pain véritable, Jésus, ayez pitié de nous; soyez notre nourriture et notre soutien; faites-nous jouir des véritables biens dans la terre des vivants.

Devant le Chef de saint Aurélien, successeur de saint Martial.

Ant. Le Seigneur l'a aimé et l'a revêtu d'honneur ; il lui a donné un vêtement de gloire, et il l'a couronné à la porte du ciel, alleluia.

℣. Le Seigneur a conduit le Juste par des voies droites, alleluia.

℟. Et il lui a montré le royaume de Dieu, al.

ORAISON.

O Dieu, qui, par le bienheureux Apôtre Martial, avez ressuscité d'entre les morts saint Aurélien, et l'avez choisi pour son successeur, faites que ses pieux suffrages nous obtiennent la grâce de sortir du sépulcre des vices et d'avoir une telle part aux mérites de sa vie que nous soyons dignes de jouir enfin de l'éternelle contemplation de votre gloire. Par N. S. J. C.

Ant. Amavit eum Dominus et ornavit eum, stolam gloriæ induit eum, et ad portas paradisi coronavit eum, alleluia.

℣. Justum deduxit Dominus per vias rectas, alleluia.

℟: Et ostendit illi regnum Dei, alleluia.

ORATIO.

Deus, qui per beatum Martialem Apostolum, sanctum Aurelianum a mortuis suscitâsti, et eidem successorem elegisti ; da, quæsumus, ejus piis suffragiis nos de tumulo vitiorum resurgere, sicque meritorum ejus participes fieri ut tandem te mereamur perpetuò contemplari : Per Dominum.

Devant la Relique de saint Cessateur, évêque de Limoges.

Ant. Sacerdos et Pontifex et virtutum opifex, Pastor bone in populo, ora pro nobis Dominum, alleluia.

Ant. Saint Prêtre et Pontife, qui avez opéré tant de merveilles, bon Pasteur qui avez gouverné si bien votre peuple priez le Seigneur pour nous, alleluia.

℣. Tu es Sacerdos in æternum, alleluia.

℟. Secundùm ordinem Melch sedech, alleluia.

℣. Vous êtes le Prêtre éternel, alleluia.

℟. Selon l'ordre de Melchisédech, alleluia.

ORATIO.

Da, quæsumus, omnipotens Deus, ut beati Cessatoris, Confessoris tui et Pontificis, veneranda solemnitas et devotionem nobis augeat et salutem : Per Dominum.

ORAISON.

Faites, s'il vous plaît, ô Dieu tout-puissant, que l'honneur que nous rendons à votre saint Confesseur et Pontife Cessateur, augmente en nous l'esprit de piété et le désir de notre salut : Par N. S. J.-C.

Devant la Relique de sainte Agathe.

Ant. Paganorum multitudo fugiens ad sepulchrum Virginis, tulerunt

Ant. Une multitude de païens coururent au tombeau de la Vierge, et portèrent son voile contre le feu, afin de prouver que ce voile les sauverait des dangers de l'incendie, en vertu des mérites de sa Martyre Agathe, alleluia.

velum ejus contra ignem, ut comprobaret Dominus quod à periculis incendii meritis beatæ Agathæ, Martyris suæ, eos liberaret, alleluia.

℣. La grâce est répandue sur vos lèvres, allel.

℟. C'est pour cela que Dieu vous a bénie pour l'éternité, alleluia.

℣. Diffusa est gratia in labiis suis, alleluia.

℟. Propterea benedixit te Deus in æternum, all.

ORAISON.

O Dieu, qui entre toutes les merveilles de votre puissance, avez fait remporter la victoire du martyre au sexe même le plus faible; faites-nous, s'il vous plaît, la grâce qu'honorant les Rliques de la Bienheureuse Agathe votre Vierge et Martyre, nous profitions de ses exemples pour marcher dans la voie qui conduit à vous. Par.

ORATIO.

Deus, qui inter cætera potentiæ tuæ miracula, etiam in sexu fragili victoriam Martyrii contulisti; concede propitius ut qui beatæ Agathæ, Virginis et Martyris tuæ, Reliquias colimus, per ejus ad te exempla gradiamur: Per Dominum.

Devant la Relique de sainte Félicité.

Ant. Le royaume des cieux est semblable à un

Ant. Simile est regnum cœlorum homini

negociatori quærenti bonas margaritas ; inventa una pretiosa, dedit omnia sua et comparavit eam, alleluia.

℣. Diffusa est gratia in labiis tuis, alleluia.

℟. Propterea benedixit te Deus in æternum, al.

marchand qui cherche de belles perles et qui en ayant trouvé une de grand prix, vend tout ce qu'il a et l'achète, alleluia.

℣. La grâce est répandue sur vos lèvres, allel.

℟. C'est pour cela que Dieu vous a bénie pour l'éternité, alleluia.

ORATIO.

Præsta, quæsumus omnipotens Deus, ut beatæ Felicitatis, Martyris tuæ, Reliquias colentes, meritis ipsius protegamur et precibus. Per Dominum.

ORAISON.

Faites, nous vous en prions, Dieu tout-puissant, qu'en honorant les Reliques de la bienheureuse Félicité, votre Martyre, nous soyons protégés par ses mérites et ses prières. Par.

Devant les autres saintes Reliques.

Ant. Corpora Sanctorum, etc., page 115.

DANS LA CHAPELLE DU PALAIS ÉPISCOPAL.

Devant la Relique de saint Philippe, Apôtre.

Ant. Philippe, qui vidit me vidit et Patrem meum, alleluia.

℣. Pretiosa in cons-

Ant. Philippe, celui qui me voit voit aussi mon Père, alleluia.

℣. La mort des Saints

du Seigneur, alleluia.

℟. Est précieuse devant lui, alleluia.

ORAISON.

O Dieu, qui nous donnez un sujet de joie en nous faisant vénérer les Reliques de votre Apôtre saint Philippe, faites que comme nous nous réjouissons de ses mérites, nous profitions de ses exemples. Par N. S. J.-C.

pectu Domini, alleluia.

℟. Mors Sanctorum ejus, alleluia.

ORATIO.

Deus, qui nos Apostoli tui Philippi veneratione Reliquiarum lætificas, præsta, quæsumus, ut quorum gaudemus meritis instruamur exemplis. Per Dominum.

Devant les Reliques de saint Martial, Apôtre.

Ant. O l'élite des Pasteurs! ô le miroir des Prélats! ô Martial, Docteur et Guide de l'Aquitaine! recevez les prières de ceux qui vous invoquent, et intercédez pour le salut de tous.

℣. Priez pour nous, bienheureux Martial, all.

℟. Afin que nous de-

Ant. O Pastor egregie! ô speculum Præsulum! ô Martialis, Doctor et Dux Aquitaniæ! suscipe preces te deprecantium, et intercede pro salute omnium.

℣. Ora pro nobis, beate Martialis, alleluia.

℟. Ut digni efficiamur promissionibus Christi, alleluia.

venions dignes des promesses de J.-C., allel.

ORATIO.

Deus, qui Ecclesiam tuam Apostolicis disposuisti consistere fundamentis, præsta, quæsumus, ut qui devotè ad beati Apostoli Martialis convenerunt Reliquias, tuo auxilio muniantur, et gratiâ Spiritûs sancti repleantur : Per Dominum.

ORAISON.

O Dieu, qui avez voulu que votre Eglise demeurât bâtie sur les fondement des Apôtres, donnez à ceux que la piété a réunis pour honorer les Reliques du saint Apôtre Martial, l'appui de votre secours et l'abondance des grâces de l'Esprit Saint. Par N. S. J.-C.

Devant les Reliques de saint Asclèpe et saint Ferréol, Évêques de Limoges.

Ant. Sacerdotes et Pontifices et virtutum opifices, Pastor boni in populo, orate pro nobis Dominum, alleluia.

Ant. Prêtres et Pontifes, vous qui avez opéré tant de merveilles, bons Pasteurs qui avez si bien gouverné votre peuple, priez le Seigneur pour nous, alleluia.

℣. Amavit eos Dominus et ornavit eos, allel.

℣. Le Seigneur les a aimés, et les a revêtus d'honneur, alleluia.

℟. Stolam gloriæ induit eos, alleluia.

℟. Il leur a donné un vêtement de gloire, allel.

ORAISON.

Faites, Seigneur, que cette sainte mémoire que nous faisons en l'honneur des saints Confesseurs et Pontifes Asclèpe et Ferréol augmente en nous l'esprit de piété et le désir de notre salut. Par N. S. J.-C.

ORATIOO.

Da, quæsumus, omnipotens Deus, beatorum Asclepii et Ferreoli, Confessorum tuorum atque Pontificum veneranda memoria, et devotionem nobis augeat et salutem. Per Dominum.

Devant les Reliques des saints Léonard, Psalmet, Vaulry, Nice, Étienne de Muret, Israël, Théobald, Léobon, Gaucher, Confesseurs.

Ant. Courage, bons et fidèles serviteurs : parce que vous avez été fidèles en de petites choses, je vous établirai sur de grandes. Entrez dans la joie du Seigneur, allel.

℣. Le Seigneur a conduit les Justes par de droits sentiers, alleluia.

℟. Et il leur a fait voir le royaume de Dieu, all.

Ant. Euge, servi boni et fideles ; quia in pauca fuistis fideles, supra multa vos constituam. Intrate in gaudium Domini, alleluia.

℣. Justos deduxit Dominus per vias rectas, alleluia.

℟. Et ostendit illis regnum Dei, alleluia.

ORAISON.

Seigneur, écoutez favorablement les suppli-

ORATIO.

Adesto, Domine, supplicationibusnostris quas

in beatorum Confessorum tuorum honore deferimus, ut qui nostræ justitiæ fiduciam non habemus, eorum qui tibi placuerunt precibus adjuvemur. Per Dominum.

cations que nous vous adressons en l'honneur de vos bienheureux Confesseurs, afin que, ne mettant pas notre confiance dans notre justice, nous soyons secourus par les prières de ceux qui vous ont été agréables. Par N. S. J.-C.

Devant la Relique de sainte Valérie

Ant. O quàm glorificanda es, beata Valeria, quæ ducem Stephanum respuisti, dùm Christo, Virginum sponso, virginitatem vovens, adhæsisti! alleluia.

Ant. Oh! que vous êtes digne de gloire, bienheureuse Valérie, qui avez rejeté la main du duc Etienne pour vous attacher, par le vœux de virginité, au Christ, époux des Vierges! alleluia.

℣. Ora pro nobis, beata Valeria, alleluia.

℟. Ut digni efficiamur promissionibus Christi, alleluia.

℣. Priez pour nous, sainte Valérie, alleluia.

℟. Afin que nous devenions dignes des promesses de Jésus-Christ, alleluia.

ORATIO.

Omnipotens sempi-

ORAISON

Dieu tout-puissant et

éternel, qui, par la palme du Martyre, avez appelé à la gloire céleste sainte Valérie, votre Vierge ; daignez, en considération de ses mérites, nous accorder le pardon de nos fautes, afin que nous méritions de partager son bonheur. Par N. S. J.-C.

terne Deus, qui beatam Valeriam, Virginem tuam, per Martyrii palmam cœlestem fecisti conscendere gloriam, da nobis, ejus sufragantibus meritis, cunctorum veniam delictorum, ut ad ejusdem pertingere consortium. Per Dominum.

Devant la Relique de sainte Thérèse, Vierge.

Ant. Venez, épouse de Jésus-Christ, recevez la couronne que le Seigneur vous a préparée pour l'éternité, alleluia.

℣. Parée de votre gloire et de votre beauté, alleluia.

℟. Apprêtez-vous à combattre, à vaincre et à règner, alleluia.

Ant. Veni, sponsa Christi, accipe coronam quam tibi Dominus præparavit in æternum, alleluia.

℣. Specie tuâ et pulchritudine tuâ, alleluia.

℟. Intende, prosperè procede et regna, allel.

ORAISON.

Exaucez-nous, ô Dieu qui êtes notre salut ; et faites qu'en nous réjouissant de la mémoire

ORATIO.

Exaudi nos, Deus salutaris noster, ut sicut de beatæ Theresiæ, Virginis tuæ, memoriâ gaudemus, ita cœlestis ejus doctrinæ pabulo erudiamur affectu. Per Dominum.

de la bienheureuse Thérèse, votre Vierge, nous soyons nourris du pain de sa céleste doctrine et formés aux sentiments de sa fervente piété. Par N. S. J.-C.

DANS LA CHAPELLE DU GRAND SÉMINAIRE.

Pour adorer le très-saint Sacrement:

Panis Angelicus fit panis hominum.
Dat panis cœlicus figuris terminum.
O res mirabilis ! manducat Dominum
Pauper servus et humilis.

Le pain des Anges devient le pain des hommes. Ce pain céleste met fin aux anciennes figures. O prodige inoui ! le Maître suprême se fait l'aliment de sa pauvre créature.

Devant les parcelles de la vraie Croix et des autres Instruments de la Passion de N. S. J.-C.

Crux fidelis inter omnes.
Arbor una nobilis,

O Croix, notre espérance; arbre le plus noble de tous : nulle forêt n'a produit ton pareil pour le feuillage, la fleur et le fruit. Tu nous es cher, ô bois, et plus cher encore le doux fardeau suspendu à tes clous sacrés.

C'est sur cette croix qu'on abreuve notre Rédempteur de fiel pendant son agonie ; là, que les épines, les clous, la lance déchirent son corps délicat. L'eau et le sang s'épanchent de sa plaie ; la terre et la mer, les astres, le monde tout entier reçoivent ce jet qui les purifie.

Nulla silva talem profert
Fronde, flore, germine.
Dulce lignum, Dulces clavos,
Dulce Pondus sustinet.

Felle potus, ecce languet ;
Spina, clavi, lancea,
Mite corpus perforarunt ;
Unda manat et cruor ;
Terra, pontus, astra, mundus
Quo lavantur crimina.

℣. Il a été blessé à cause de nos iniquités, alleluia.

Il a été brisé à cause de nos crimes, alleluia.

℣. Ipse vulneratus est propter iniquitates nostra, alleluia.

℟. Et attritus est propter scelera nostra, alleluia.

ORAISON.

Dieu tout-puissant et éternel, qui pour donner à l'homme un modèle d'humilité à imiter, avez

ORATIO,

Omnipotens sempiterne Deus, qui humano generi ad imitandum humilitatis exemplum,

Salvatorem nostrum carnem sumere et crucem subire fecisti ; concede propitius, ut sicut instrumenta Passionis ejus veneramur, ita et patientiæ ipsius habere documenta et resurrectionis consortia mereamur. Per eumdem Dominum.

voulu que notre Sauveur se revêtît de notre chair et souffrît le supplice de la croix, faites que, de même que nous vénérons les instruments de sa Passion, de même aussi, instruits par sa patience, nous méritions d'avoir part à sa résurrection. Par le même J.-C. N. S.

Devant les Reliques des douze Apôtres et Évangélistes.

Ant. Vos amici mei estis si feceritis quæ ego præcipio vobis, dicit Dominus, alleluia.

℣. Gloriosus in Sanctis suis, faciens mirabilia, alleluia.

℟. Hic Deus meus, et glorificabo eum, alleluia

ORATIO.

Exaudi nos, Deus salutaris noster, et omnium Sanctorum Apos-

Ant. Vous êtes mes amis si vous faites ce que je vous commande, dit le Seigneur, alleluia.

℣. Dieu est admirable dans ses Saints, multipliant les prodiges, allel.

℟. Il est mon Dieu, et je chanterai ses louanges, alleluia.

ORAISON

Exaucez-nous, ô Dieu, notre Sauveur, et daignez protéger, par la puissance de tous vos saints apôtres, ceux à qui vous avez accordé la grâce d'être fidèles à leur doctrine. Vous qui vivez, etc.

tolorum tuorum tuere præsidiis quorum donâsti fideles esse doctrinis. Qui vivis, etc.

Devant la Relique de saint Martial, Apôtre.

Ant. O grand Pontife, ineffable par l'éclat de vos miracles, Martial notre Apôtre ! que votre piété nous élève, nous qu'une trop grande perversité submerge. Daignez conduire tout le troupeau confié à vos soins jusqu'au bonheur préparé aux Saints, alleluia.

℣. Priez pour nous, bienheureux Martial, all.

℟. Afin que nous devenions dignes des promesses de J.-C.

ORAISON

Dieu tout-puissant et éternel, qui avez appelé au gouvernement de votre sainte Eglise le

Ant. O magnum Primatem, virtute miraculorum ineffabilem, Martialem apostolum ! tua nos sublevet pietas quos nimia mergit pravitas, omnemque gregem tibi commissum digneris perducere ad gaudia sanctis præparata, alleluia.

℣. Ora pro nobis, beate Martialis, alleluia.

℟. Ut digni efficiamur promissionibus Christi, alleluia.

ORATIO.

Omnipotens sempiterne Deus, qui Beatum Martialem Apostolum, Ecclesiæ tuæ sanctæ præesse voluisti, quæsumus ut nobis, ejus suffragantibus meritis, pietatis tuæ gratiam largiaris. Per Dominum.

bienheureux Apôtre Martial, daignez, en considération de ses mérites, faire descendre sur nous les effets de votre miséricorde. Par N. S. J.-C.

Devant la Relique de saint Charles Borromée.

Ant. Sacerdos et Pontifex, et virtutum opifex, Pastor bone in populo, ora pro nobis Dominum, alleluia.

℣. Tu es Sacerdos in æternum, alleluia.

℟. Secundùm ordinem Melchisedech, allel.

ORATIO.

Ecclesiam tuam, Domine, sancti Caroli, Confessoris tui atque Pontificis, continuâ protectione custodi; ut, sicut illum pastoralis sollicitudo gloriosum reddidit, ita nos ejus intercessio in tuo semper faciat

Ant. Prêtre et Pontife, qui avez opéré tant de merveilles, bon Pasteur, qui avez si bien gouverné votre peuple, priez le Seigneur pour nous, all.

℣. Vous êtes Prêtre pour l'éternité, alleluia.

℟. Selon l'ordre de Melchisédech, alleluia.

ORAISON.

Gardez votre Eglise, Seigneur, par la protection de saint Charles, votre Confesseur et Pontife, afin que, comme sa sollicitude pastorale l'a rendu glorieux, son intercession nous procure une ferveur constante dans votre amour. Par N. S. J.-C.

amore ferventes. Per Dominum.

Devant la Relique de saint François de Sales.

Ant. Le Seigneur l'a aimé et l'a revêtu d'honneur ; il lui a donné un vêtement de gloire, et il l'a couronné à la porte du ciel, alleluia.

℣. Le Seigneur a conduit le Juste par des voies droites, alleluia.

℟. Et il lui a montré le royaume de Dieu, all.

ORAISON.

Dieu, qui, pour le salut des âmes, avez voulu que le bienheureux François, votre Confesseur et Pontife, fût tout à tous, accordez à nos prières que, pénétrés de la douceur de votre charité, dirigés par ses avis et soutenus par ses mérites, nous obtenions les joies éternelles. Par N. S.- J.-C.

Ant. Amavit eum Dominus, et ornavit eum ; stolam gloriæ induit eum et ad portas paradisi coronavit eum, alleluia.

℣. Justum deduxit Dominus per vias rectas, alleluia.

℟. Et ostendit illi regnum Dei, alleluia.

ORATIO.

Deus, qui ad animarum salutem beatum Franciscum, Confessorem tuum atque Pontificem, omnibus omnia factum esse voluisti ; concede propitius, ut charitatis tuæ dulcedine, ejus dirigentibus monitis et suffragantibus meritis, æterna gaudia consequamur. Per Dominum.

Devant la Relique de saint Vincent de Paul.

Ant. Hic Vir despiciens mundum et terrena triumphans, divitias cœlo condidit ore, manu, alleluia.

Ant. Méprisant le monde et triomphant des pensées terrestres, cet homme a acquis, par ses paroles et ses actions, un trésor dans le ciel, alleluia.

℣. Os Justi meditabitur sapientiam, alleluia.

℟. Et lingua ejus loquetur judicium, allel.

℣. La bouche du Juste annoncera la sagesse.

℟. Et sa langue publiera la justice, allel.

ORATIO.

Deus, qui ad evangelizandum pauperibus et Ecclesiastici Ordinis decorem promovendum beatum Vincentium apostolicâ virtute roborâsti, præsta, quæsumus, ut cujus Reliquias veneramur, virtutum quoque instruamur exemplis. Per Dominum.

ORAISON.

O Dieu, qui avez rempli d'un courage tout apostolique le bienheureux Vincent, afin qu'il évangélisât les pauvres, et qu'il augmentât la gloire de l'Ordre Ecclesiastique, faites qu'en honorant ses saintes Reliques, nous soyons fortifiés par l'exemple de ses vertus. Par N. S. J.-C.

Devant les Reliques de saint Alpinien, saint Austriclinien, saint Sacerdos, saint Rorice, saint Léonard, saint Amand, saint Junien, saint Israël, saint Théobald, saint Etienne de Muret, saint Yrieix, saint Psalmet, saint Vaulry, saint Gaucher, Confesseurs.

Ant. Seigneur, ces Saints habiteront dans vos tabernacles : ils ont pratiqué la justice ; ils reposeront sur la sainte montagne, alleluia.

℣. La loi de Dieu est dans leurs cœurs, allel.

℟. Et leurs pas ne seront pas chancelants, alleluia.

ORAISON.

Nous vous supplions, Seigneur, d'exaucer les prières que nous vous adressons à l'honneur de vos Saints Confesseurs, afin que l'intercession et les mérites de ceux qui vous ont si dignement servis, puissent obtenir de vous le pardon de nos péchés. Par N. S. J. C.

Ant. Domine, isti Sancti habitabunt in tabernaculo tuo : operati sunt justitiam, requiescent in monte sancto tuo, alleluia.

℣. Lex Dei in cordibus eorum, alleluia.

℟. Et non supplantabuntur gressus eorum, alleluia.

ORATIO.

Exaudi, quæsumus, Domine, preces nostras quas in beatorum Confessorum tuorum etiam honore deferimus, et qui tibi dignè meruerunt famulari, eorum intercedentibus nos absolve peccatis. Per Dominum.

Devant la Relique de sainte Valérie, Vierge et première Martyre.

Ant. Gaudent fideles, hymnum cantantes Domini, deprecantes Valeriam, sponsam Christi dignissimam misereatur nostri, alleluia.

℣. Diffusa est gratia in labiis tuis, alleluia.

℟. Propterea benedixit te Deus in æternum. alleluia.

ORATIO.

Omnipotens sempiterne Deus, qui beatam Valeriam, Virginem tuam, per martyrii palmam cœlestem fecisti concendere gloriam, da nobis, ejus suffragantibus meritis, cunctorum veniam delictorum, ut ad ejusdem mereamur pertingere consortium. Per Dominum.

Ant. Que les fidèles se réjouissent en chantant les louanges du Seigneur, implorant Valérie, l'épouse très-digne de Jésus-Christ, afin qu'il ait pitié de nous, all.

℣. La grâce est répandue sur vos lèvres, alleluia.

℟. C'est pour cela que Dieu vous a bénie pour l'éternité.

ORAISON.

O Dieu tout-puissant et éternel qui, par la palme du martyre, avez appelé à la gloire céleste sainte Valérie, votre Vierge. daignez, en considération de ses mérites, nous accorder le pardon de nos fautes, afin que nous méritions de partager un jour son bonheur, Par N. S. J.-C.

Devant les autres saintes Reliques.

Ant. Corpora Sanctorum, etc., page 115.

DANS LA CHAPELLE DE L'HOSPICE.

Pour adorer le très-saint Sacrement.

Adorons avec un profond respect un Sacrement si digne de nos hommages ; que l'ancien précepte cède au nouveau, et que la foi supplée à la faiblesse de nos sens.

Tantum ergo Sacramentum
Veneremur cernui :
Et antiquum documentum
Novo cedat ritui,
Præstet fides supplementum
Sensuum defectui.

Devant la Relique de la vraie Croix.

Ant. Celui qui a vaincu l'enfer a été attaché à une croix qu'il a sanctifiée ; il s'est revêtu de sa puissance, et il est ressuscité le troisième jours, alleluia.

℣. Dites parmi les nations, alleluia.

℟. Que le Seigneur règne par le bois, allel.

Ant. Crucem sanctam subiit qui infernum confregit ; accinctus est potentia, surrexit die tertiâ, alleluia.

℣. Dicite in nationibus, alleluia.

℟. Quia Dominus regnavit à liguo, alleluia.

ORATIO.	ORAISON.
Deus, qui pro nobis Filium tuum crucis patibulum subire voluisti, ut inimici à nobis expelleret potestatem; concede nobis famulis tuis, ut resurrectionis gratiam consequamur : Per eumdem Dominum.	O Dieu, qui avez voulu que votre Fils unique souffrît pour nous le supplice de la croix, afin de nous délivrer de la puissance de notre ennemi, accordez-nous de parvenir à la grâce de la resurrection : Par le même J.-C. N. S.

Devant la Relique de saint Martial.

O Martialis optime, Pastor et dux egregie, Pro nostris facinoribus Interveni propitius.	O tout bon Martial, l'élite des Pasteurs, guide excellent des âmes, veuillez demander grâce pour nos crimes.
Impetra nobis veniam Apud Christi clementiam, Ut, expiatis sordibus, Deo fruamur pleniùs.	Obtenez notre pardon du clément Jésus, afin que, purifiés de nos souillures, nous jouissions parfaitement de Dieu.
℣. Ora pro nobis, beate Martialis Apostole, alleluia.	℣. Priez pour nous, ô bienheureux Apôtre Martial, alleluia.
℟. Ut digni efficiamur	℟. Afin que nous

devenions dignes des promesses de J.-C., allel.

promissionibus Christi, alleluia.

ORAISON.

Dieu tout-puissant et éternel, qui, par la translation des Reliques de saint Martial, votre Apôtre, avez délivré le peuple d'Aquitaine de l'ardeur d'un feu intérieur qui le dévorait, éteignez en nous les traits enflammés de l'ennemi rugissant, afin que, nous élevant au-dessus des plaisirs de ce monde, nous soyons délivrés des flammes éternelles : Par N. S. J.-C.

OREMUS.

Omnipotens sempiterne Deus, qui sanctorum Translatione membrorum beati Martialis, Apostoli tui, populum Aquitanicum ab incendio ignis subcutanei liberâsti ; rugientis inimici ignea jacula in nobis extingue, ut, cunctis mundi oblectationibus superatis, ab ardore ignis æterni liberemur : Per Dominum.

Devant la Relique de saint Alexis, Confesseur, Patron de l'hôpital général.

Ant. Méprisant le monde et triomphant des pensées terrestrs, cet homme a acquis, par ses paroles et ses actions, un trésor dans le ciel, alleluia.

Ant. Hic vir, despiciens mundum et terrena triumphans, divitias cœlo condidit ore, manu, alleluia.

℣. Justum deduxit Dominus per vias rectas, alleluia.

℟. Et ostendit illi regnum Dei, alleluia.

ORATIO.

Deus, qui nos beati Alexii, Confessoris tui, memoria lætificas; concede propitius, ut cujus Rliquias colimus, etiam actiones imitemur : Per Dominum.

℣. Le Seigneur a conduit le Juste par des voies droites, alleluia.

℟. Et il lui a montré le royaume céleste, allel.

OAAISON.

O Dieu, qui nous réjouissez par la mémoire de votre Confesseur saint Alexis; faites, par votre bonté, que nous imitions les vertus de Celui dont nous honorons les Reliques : Par N. S. J.-C.

Devant le Chef de sainte Innocente, Martyre.

Ant. Veni, sponsa Christi, accipe coronam quam tibi Dominus præparavit in æternum, alleluia.

℣. Specie tuâ et pulchritudine tuâ, alleluia.

℟. Intende prosperè procede et regna, alleluia.

ORATIO.

Indulgentiam nobis, quæsumus, Domine,

Ant. Venez, épouse de Jésus-Christ, recevez la couronne que le Seigneur vous a préparée pour l'éternité, alleluia.

℣. Parée de votre gloire et de votre beauté, all.

℟. Apprêtez-vous à combattre, à vaincre et à régner, alleluia.

ORAISON.

Que la bienheureuse Innocente, Vierge et

martyre, implore pour nous votre miséricorde, Seigneur, elle qui vous a été toujours agréable par le mérite de la chasteté et du courage qu'elle a reçu de vous : Par N. S. J.-C.

beata Innocentia virgo et martyr imploret; quæ tibi grata semper extitit et merito castitatis et tuæ professione virtutis : Per Dominum.

Devant les Reliques de saint Honorat, de saint Fortunat, saint Constance, saint Placide, saint Valentin, saint Clément, Martyrs.

Ant. Une lumière éternelle éclairera vos Saints, Seigneur, et la mesure de leur bonheur sera l'éternité, alleluia.

℣. Saints et Justes, réjouissez-vous dans le Seigneur, alleluia.

℟. Dieu vous a choisis pour son héritage, allel.

ORAISON.

O Dieu, qui nous accordez d'honorer les Reliques de vos saints Martyrs, faites-nous jouir en leur compagnie de la félicité éternelle. Par.

Ant. Lux perpetua lucebit Sanctis tuis, Domine, et æternitas temporum, alleluia.

℣. Sancti et Justi, in Domino gaudete, alleluia.

℟. Vos elegit Deus in hereditatem sibi, allel.

ORATIO.

Deus, qui nos concedis sanctorum Martyrum Reliquias colere, da nobis in æternâ beatitudine de eorum societate gaudere, Per. Dominum.

Devant la Relique de saint Martin, de Tours.

Ant. O Virum ineffabilem, nec labore victum, nec morte vincendum, qui nec mori timuit, nec vivere recusavit, alleluia.

℣. Elegit eum Deus Sacerdotem sibi, alleluia.

℟. Ad sacrificandum ei hostiam laudis, allel.

ORATIO.

Deus, qui conspicis quia ex nullâ nostrâ virtute subsistimus, concede propitius, ut intercessione beati Martini, Confessoris tui atque Pontificis, contra omnia adversa muniamur. Per Dominum.

Ant. O homme ineffable, que le travail n'a pas abattu, et que la mort ne peut vaincre, qui ne craint pas de mourir et qui ne refuse pas de vivre, alleluia.

℣. Dieu l'a choisi pour son prêtre, alleluia.

℟. Afin qu'il lui offrît le sacrifice de la louange, alleluia.

ORAISON.

O Dieu, qui voyez que nous ne saurions subsister par nos propres forces, faites, dans votre bonté, que nous soyons fortifiés par l'intercession de votre Confesseur et Pontife saint Martin contre les maux qui nous environnent : Par N. S. J.-C.

Devant les Reliques de saint Alpinien, saint Austriclinien, de saint Léonard, saint Junien et saint Amand, saint Victurnien, saint Benoît, saint Cloud, saint Vincent de Paul, saint Léonard de Port-Maurice, B. Benoît, Joseph Labre, etc., Conf.

Ant. Courage, bons et fidèles serviteurs! parce que vous avez été fidèles en de petites choses, je vous établirai sur de grandes : entrez dans la joie de votre Seigneur, alleluia.

℣. Le Seigneur a conduit les Justes par de droits sentiers, alleluia.

℟. Et leur a fait voir le royaume de Dieu, al.

ORAISON.

O Dieu, qui avez honoré les bienheureux Alpinien et Austriclinien, vos Confesseurs, de la dignité du sacerdoce, du titre glorieux de Disciples d'Apôtre et des grâ-

Ant. Euge, servi boni, et fideles quia in pauca fuistis fideles, supra multa vos constituam ; intrate in gaudium Domini tui, alleluia.

℣ Justos deduxit Dominus per vias rectas, alleluia

℟. Ostendit illis regnum Dei, alleluia.

ORATIO.

Deus, qui de beatos Alpinianum et Austriclinianum, Confessores tuos, dignitate sacerdotii, gloria Discipulatûs apostolici, ac sanctitatis muneribus adornâsti ;

Ecclesiam tuam continuâ fac celebritate lætari, ut eorum precibus muniatur quorum natalitiis gloriatur.

ces de la sainteté, faites que votre Eglise mette sa joie à célébrer sans cesse leur mémoire, afin qu'en se glorifiant de leur entrée dans la vie bienheureuse, elle trouve l'appui de leurs prières.

Deus, cujus gratiâ beatus Victurnianus, prudenti fugâ saluti suæ consulens, maluit facultatibus suis spoliari quàm Christo; quæsumus ut, purificatis ab omni terrenorum cupiditate mentibus, te solo divites esse velimus.

O Dieu, qui avez inspiré à saint Victurnien de prendre sagement la fuite pour mettre son salut en sûreté, et de faire le sacrifice de ses biens plutôt que d'être dépouillé de Jésus-Christ; faites-nous la grâce de purifier nos âmes de tout amour des choses terrestres, et de ne vouloir être riches que de vous seul.

Adesto, Domine, supplicationibus nostris, quas in beatorum Confessorum tuorum memoria deferimus; ut qui nos tuæ justitiæ fiduciam non habemus, eorum qui tibi placuerunt, preci-

Seigneur, écoutez favorablement les supplications que nous vous adressons en l'honneur de vos saints Confesseurs, afin que ne mettant point notre confiance dans notre justice, nous soyons secourus par les prières de ceux qui vous sont agréables. Par N. S. J.-C.

bus adjuvemur Per Dominum.

Devant les Reliques de sainte Martine, sainte Philomène, sainte Julie, Vierges et Martyres, sainte Véronique Giuliani, Vierge.

Ant. Vierges sages, préparez vos lampes : voilà l'Epoux qui vient, allez au-devant de lui, al.

℣. A sa suite les Vierges seront amenées au Roi, alleluia.

℟. Ses compagnes vous seront présentées, Seigneur, alleluia.

ORAISON.

Accordez-nous, Seigneur notre Dieu, la grâce d'honorer avec une constante piété les triomphes de vos saintes Vierges Martyres, afin que si nous ne pouvons célébrer dignement leurs

Ant. Prudentes Virgines, aptate lampades : ecce Sponsus venit, exite obviam ei, alleluia.

℣. Adducentur Regi Virgines post eam, alleluia.

℟. Proximæ ejus afferentur tibi, allelula.

ORATIO

Da, quæsumus, Domine Deus noster, sanctorum Virginum et Martyrum palmas incessabili devotione venerari ; ut quas dignâ mente non possumus celebrare, humilibus saltem frequentemus obsequiis. Per Dominum.

louanges, nous leur offrions au moins nos humbles hommages : Par N. S. J.-C.

Devant les autres saintes Reliques.

Ant. Corpora Sanctorum, etc., page 115.

DANS LA CHAPELLE DE L'ÉCOLE ÉPISCOPALE SAINT-MARTIAL

Pour adorer le Très-Saint Sacrement.

Adoro te devotè latens
Deitas
Quæ sub his figuris verè
latitas
Tibi se cor meum totum
subjicit
Quia te contemplans
totum deficit.

Prosterné devant vous, je vous adore, ô Dieu vraiment caché sous ces espèces; mon cœur se soumet à vous tout entier, parce que en vous contemplant ainsi il est anéanti.

Devant la Relique de saint André, Apôtre,

Ant. Unus ex duobus qui secuti sunt Dominum, erat Andreas frater Simonis Petri, alleluia.

Ant. André, frère de Simon Pierre, était l'un des deux qui suivirent le Seigneur, alleluia.

℣. Leur parole a retenti par toute la terre, alleluia.

℟. Et leur voix a pénétré jusqu'aux extrémités du monde, allel.

℣. In omnem terram exivit sonus eorum, alleluia.

℟. Et in fines orbis t rræ verba eorum, allel.

ORAISON.

Accordez à nos humbles prières, Seigneur, que l'Apôtre saint André, qui a instruit et gouverné votre Eglise, intercède continuellement pour nous devant le trône de votre divine Majesté. Par N. S J.-C.

ORATIO.

Majestatem tuam, Domine, suppliciter exoramus, ut sicut Ecclesiæ tuæ Beatus Andreas Apostolus extitit predicator et rector, ita apud te sit pro nobis perpetuus intercessor. Per Dominum.

Devant la Relique de saint Martial, Apôtre.

Ant. O l'élite des Pasteurs ! ô le miroir des Prélats ! ô Martial, Docteur et Guide de l'Aquitaine ! recevez les prières de ceux qui vous invoquent et intercédez pour le salut de tous. Allel.

Ant. O pastor egregie ! ô speculum præsulum ! ô Martialis, Doctor et Dux Aquitaniæ, suscipe preces te deprecantium, et intercede pro salute omnium, alleluia.

℣. Priez pour nous, bienheureux Martial, al.

℟. Afin que nous de-

℣. Ora pro nobis, beate Martialis, alleluia.

℟. Ut digni effi iamur

promissionibus Christi, alleluia.

venions dignes des promesses de Jésus-Christ, Alleluia.

ORATIO.

Omnipotens Deus, qui beatum Martialem apostolum, Ecclesiæ tuæ sanctæ præesse voluisti, quæsumus ut nobis, ejus suffragantibus meritis, pietatis tuæ gloriam largiaris. Per Dominum.

ORAISON.

Dieu tout-puissant et éternel, qui avez appelé au gouvernement de votre sainte Eglise le bienheureux Martial, daignez, en considération de ses mérites, faire descendre sur nous les effets de sa miséricorde. Par N. S. J.-C.

Devant les Reliques de saint Aurélien, saint Asclèpe, saint Ferréol, saint Sacerdos, Ev. de Limoges.

Ant. Sacerdotes et Pontifices et virtutum opifices, pastores boni in populo, orate pro nobis Dominum, alleluia.

Ant. Prêtres et Pontifes, qui avez opéré tant de merveilles, bons Pasteurs, qui avez si bien gouverné votre peuple, priez le Seigneur pour nous, allel.

℣. Amavit eos Dominus et ornavit eos, allel.

℣. Le Seigneur les a aimés et les a revêtus d'honneur, alleluia.

℟. Stolam gloriæ induit eos, alleluia.

℟. Il leur a donné un vêtement de gloire, al.

ORAISON.

Faites, ô Dieu tout-puissant, que cette pieuse mémoire de vos saints Confesseurs et Pontifes augmente en nous l'esprit de piété et le désir du salut. Par N.-S. J.-C.

OREMUS.

Da, quæsumus, omnipotens Deus, beatorum Confessorum tuorum atque Pontificum veneranda memoria et devotionem nobis augeat et salutem. Per Dominum.

Devant les Reliques de saint Alpinien, saint Austriclinien, saint Léonard, saint Victurnien, saint Junien, saint Étienne de Muret, saint Yrieix, saint Vaulry, saint Psalmet, saint Justinien, saint Gaucher, Confesseurs.

Ant. Courage, bons et fidèles serviteurs, parce que vous avez été fidèles dans de petites choses, je vous en confierai de grandes : entrez dans la joie du Seigneur, allel.

℣. Le Seigneur les a conduits par des voies droites, alleluia.

℟. Et il leur a fait voir le royaume de Dieu, alleluia.

Ant. Euge, Servi boni et fideles, quia in pauca fuistis fideles, supra multa vos constituam ; intrate in gaudium Domini vestri, alleluia.

℣. Justos deduxit Dominus per vias rectas, alleluia.

℟. Et ostendit illis regnum Dei, alleluia.

OREMUS.

Adesto Domine, supplicationibus nostris quas in beatorum Confessorum tuorum honore deferimus, ut qui nostræ justitiæ fiduciam non habemus, eorum qui tibi placuerunt precibus adjuvemur. Per Dominum.

ORAISON.

Seigneur, écoutez favorablement les très-humbles prières que nous vous adressons en l'honneur de vos saints Confesseurs, afin que ne mettant point notre confiance dans notre justice, nous soyons secourus par les prières de ceux qui ont été agréables à Votre Majesté. Par N.-S. J.-C.

De ant les petites Reliques de saint Louis de Gonzague et saint Stanislas Kostka.

Ant. Similabo eum viro sapienti qui ædificavit domum suam supra petram, alleluia.

℣. Os Justi meditabitur sapientiam, alleluia.

℟. Et lingua ejus loquetur judicium, allel.

Ant. Je le comparerai à un homme sage qui a bâti sa maison sur la pierre, alleluia.

℣. La bouche du Juste annoncera la sagesse, alleluia.

℟. Sa langue publiera la justice, alleluia.

ORATIO.

Cœlestium donorum distributor Deus, qui in

ORAISON.

O Dieu qui distribuez les biens du ciel et qui

avez réuni dans l'angélique jeune homme Louis les merveilles de l'innocence et de la mortification ; faites, par son intercession, que si nous n'avons pas sa pureté, nous imitions au moins sa pénitence.

angelico juvene Aloisio miram vitæ innocentiam pari cum pœnitentiâ sociâsti : ejus meritis et precibus concede, ut innocentem non secuti, pœnitentem imitemur.

ORAISON.

O Dieu, qui, entre les autres merveilles de votre sagesse, avez aussi accordé à un âge tendre la grâce d'une sainteté mûre, donnez-nous de racheter le temps, à l'exemple de saint Stanislas, par la ferveur de nos œuvres, et de hâter ainsi notre entrée dans le repos éternel. Par N.-S. J.-C.

ORATIO.

Deus, qui, inter cætera sapientiæ tuæ miracula, etiam in tenerâ ætate maturæ sanctitatis gratiam contulisti ; da, quæsumus, ut beati Stanislai exemplo, tempus instanter operando redimentes, in æternam ingredi requiem festinemus. Per Dominum.

Devant la Relique de sainte Valérie, Vierge et Martyre.

Ant. O sainte et admirable Vierge Valérie,

Ant. O sancta et mirabilis Virgo Valeria,

qui in Galliis prima Martyrii coronam adepta es, jugi prece intercede pro nobis ad Dominum, alleluia.

qui la première dans les Gaules, avez obtenu la couronne du martyre, intercédez sans cesse pour nous auprès du Seigneur, alleluia.

℣. Ora pro nobis, beata Valeria, alleluia.

℣. Priez pour nous, sainte Valérie, alleluia.

℟. Ut digni efficiamur promissionibus Christi, alleluia.

℟. Afin que nous devenions dignes des promesses de Jésus-Christ, alleluia.

ORATIO.

Omnipotens sempiterne Deus, qui beatam Valeriam, Virginem tuam, per martyrii palmam cœlestem fecisti conscendere gloriam; da nobis, ejus suffragantibus meritis, cunctorum veniam delictorum, ut ad ejusdem mereamur pertingere consortium. Per Dominum.

ORAISON.

O Dieu tout-puissant et éternel, qui, par la palme du martyre, avez appelé à la gloire céleste sainte Valérie, votre Vierge; daignez, en considération de ses mérites, nous accorder le pardon de nos fautes, afin que nous méritions de partager un jour son bonheur. Par N. S. J.-C.

Devant les autres saintes Reliques.

Corpora Sanctorum, etc., page 115.

DANS LA CHAPELLE DES R.R. PÈRES FRANCISCAINS.

Pour adorer le Très-Saint Sacrement.

O festin sacré, où l'on reçoit Jésus-Christ lui-même, où la mémoire de sa Passion est renouvelée, où l'âme est remplie de grâces et où le gage de la gloire future nous est donné, alleluia.

O sacrum convivium, in quo Christus sumitur, recolitur memoria Passionis ejus, mens impletur gratiâ, et futuræ gloriæ nobis pignus datur, alleluia.

Devant une Relique du vêtement de la sainte Vierge.

Ant. Toutes les nations m'appelleront bienheureuse, parce que Dieu a regardé son humble servante, alleluia.

℣. Priez pour nous, sainte Mère de Dieu, al.

℟. Afin que nous soyons rendus dignes des promesses de J.-C., al.

ORAISON.

Daignez, Seigneur,

Ant. Beatam me dicent omnes generationes, quia ancillam humilem respexit Deus, alleluia.

℣. Ora pro nobis, sancta Dei Genitrix, al.

℟. Ut digni efficiamur promissionibus Christi, alleluia.

ORATIO.

Concede nos famulos

tuos, quæsumus, Domine Deus, perpetua mentis et corporis sanitate gaudere, et gloriosa beatæ Mariæ semper Virginis intercessione à præsenti liberari tristitiâ et æternâ perfrui lætitiâ. Per Dominum.

donner en tout temps à vos serviteurs la santé de l'âme et du corps, et accordez-nous, par l'intercession de la bienheureuse Marie toujours vierge, d'être délivrés des maux de la vie présente et de jouir dans le ciel de l'éternelle félicité. Par N.-S.-J.-C.

Devant une Relique du manteau de saint Joseph.

Ant. Ipse Jesus erat incipiens quasi annorum trigenta, ut putabatur filius Joseph. alleluia.

℣. Os Justi meditabitur sapientiam, alleluia.

℞. Et lingua ejus loquetur judicium, allel.

ORATIO.

Deus, qui ineffabili Providentiâ, beatum Joseph sanctissimæ Genitricis tuæ Sponsum eligere dignatus es, præsta, quæsumus, ut quem protectorem veneramur in terris, intercessorem ha-

Ant. Jésus avait environ trente ans, et on le croyait fils de Joseph, alleluia.

℣. La bouche du Juste annoncera la sagesse, al.

℞. Et sa langue publiera la justice, allel.

ORAISON.

O Dieu, qui par une Providence ineffable, avez daigné choisir le bienheureux Joseph pour être l'Époux de votre très-sainte Mère, faites, nous vous en supplions, que nous méritions d'avoir pour intercesseur dans le ciel Celui que nous vénérons comme notre protecteur sur la terre. Par N.-S.-J.-C.

bere mereamur in cœlis. Per Dominum.

Devant la Relique de l'Apôtre saint Martial.

Ant. O l'Élite des Pasteurs! ô le Miroir des Prélats! ô Martial, Docteur et Guide de l'Aquitaine, recevez les prières de ceux qui vous invoquent, et intercédez pour le salut de tous, all.

℣. Priez pour nous, saint Martial, alleluia.

℟. Afin que nous devenions dignes des promesses de J.-C., allel.

Ant. O pastor egregie! ô speculum Præsulum! ô Martialis, Doctor et Dux Aquitaniæ, suscipe preces te deprecantium, et intercede pro salute omnium, alleluia.

℣. Ora pro nobis, beate Martialis, allel.

℟. Ut digni efficiamur promissionibus Christi, alleluia.

ORAISON.

Dieu tout puissant et éternel, qui avez voulu que saint Martial Apôtre ait été Pasteur dans votre sainte Eglise, nous vous supplions, par son intercession et par ses mérites, de nous accorder la grâce de votre miséricorde. Nous vous la demandons par J.-C.

ORATIO.

Omnipotens sempiterne Deus, qui beatum Martialem apostolum, Ecclesiæ tuæ sanctæ præesse voluisti, quæsumus ut nobis, ejus suffragantibus meritis, pietatis. Per Dominum.

Devant les Reliques de saint Vincent, saint Victor, saint Eugène, saint Clément, Martyrs.

Ant. Fulgebunt Justi sicut sol in conspectu Dei, alleluia.

℣. Lætamini, Justi, in Domino; et exultate, Justi, alleluia.

℟. Et gloriamini, omnes recti corde, alleluia.

ORATIO.

Deus, qui nos concedis Sanctorum Martyrum tuorum Reliquias colere; da nobis in æternâ beatitudine de eorum societate gaudere. Per Dominum.

Ant. Les Justes brilleront comme le soleil en présence de Dieu, allel.

℣. Justes, réjouissez-vous dans le Seigneur et tressaillez d'allégresse, alleluia.

℟. Glorifiez-vous en lui, vous qui avez le cœur droit, alleluia.

ORAISON.

O Dieu, qui nous accordez d'honorer les Reliques de vos saints Martyrs, faites-nous jouir avec eux de la félicité éternelle. Par N.-S. J.-C.

Devant les Reliques de saint Grégoire, de saint Bonaventure, de saint Thomas d'Aquin.

Ant. O Doctores optimi, Ecclesiæ sanctæ lumina, beati Gregori Bonaventura et Thoma, divinæ legis amatores, deprecamini pro nobis

Ant. O Saints Docteurs, saint Grégoire, saint Bonaventure et saint Thomas, lumières de l'Eglise, qui avez tant aimé la loi divine, priez pour nous le Fils de Dieu, alleluia.

℣. Dieu les a aimés et les a revêtus d'honneur, alleluia.

℟. Il leur a donné un vêtement de gloire, all.

ORAISON.

O Dieu, qui avez instruit votre peuple du salut éternel par le ministère des bienheureux Grégoire, Bonaventure et Thomas, faites, s'il vous plaît, qu'après avoir été sur la terre nos docteurs et nos guides, ils soient nos intercesseurs dans le ciel. Par N. S. J.-C.

Filium Dei, alleluia.

℣. Amavit eos Deus et ornavit eos, alleluia.

℟. Stolam gloriæ induit eos, alleluia.

ORATIO.

Deus, qui populo tuo æternæ salutis beatos Gregorium, Bonaventuram et Thomam, Ministros tribuisti; præsta, quæsumus, ut quos Doctores habuimus in terris, intercessores mereamur in cœlis. Per Dominum.

Devant les Reliques de saint François d'Assise, de saint Louis de Toulouse, de saint Louis, roi de France, de saint François de Paule, saint Antoine de Padoue, saint Léonard, saint Alexis, Confes.

Ant. Méprisant le monde et triomphant des pensées terrestres,

Ant. Hi viri, despicientes mundum et terrena triumphantes, divitias cœlo condiderunt ore, manu, alleluia.

ces Saints ont acquis, par leurs paroles et leurs actions, des trésors dans le ciel, alleluia.

℣. Justos deduxit Dominus per vias rectas, alleluia.

℟. Et ostendit illis regnum Dei, alleluia.

℣. Le Seigneur a conduit les Justes par des voies droites, alleluia.

℟. Et il leur a montré le royaume de Dieu, alleluia.

ORATIO.

Exaudi, Domine, preces nostras ; et intervenientibus beatis Confessoribus tuis, indulgentiam tribue nobis placatus et pacem. Per Dom.

ORAISON.

Seigneur, exaucez vos prières et apaisé par l'intercession de vos saints confesseurs accordez-nous votre miséricorde et la paix. Par N.-S. J.-C.

Devant les Reliques de sainte Claire, sainte Marguerite, sainte Valérie, sainte Catherine, sainte Constance, sainte Thérèse, sainte Victoire, sainte Béatrix, sainte Élisabeth, sainte Colombe, sainte Philomène.

Ant. Istarum est enim regnum cœlorum quæ contempserunt vitam mundi et pervenerunt ad

Ant. Le royaume des cieux appartient à celles qui ont méprisé la vie de ce monde et qui sont parvenues à obtenir les récompenses éternelles, après avoir lavé leurs robes dans le sang de l'Agneau, alleluia.

℣. Seigneur, vous les avez couronnées de gloire, alleluia.

℟. Et vous leur avez donné l'empire sur les œuvres de vos mains, al.

ORAISON.

Exaucez-nous, ô Dieu notre Sauveur, afin que, comme la mémoire de vos Saintes nous donne de la joie, nous recevions aussi la ferveur d'une sainte dévotion. Par N. S. J.-C.

præmia regni, et laverunt stolas suas in sanguine Agni, alleluia.

℣. Gloria et honore coronâsti eas, Domine, alleluia.

℟. Et constituisti eas super opera manuum tuarum, alleluia.

ORATIO.

Exaudi nos, Deus salutaris noste, ut sicut de Beatarum memorari gaudemus, ita piæ devotionis erudiamur affectis. Per Dominum.

DANS LA CHAPELLE DES R. P. PÈRES JÉSUITES ET DU CERCLE CATHOLIQUE DE LA JEUNESSE.

Pour adorer le saint Sacrement.

O souvenir de la mort du Seigneur, Pain vivant

O memoriale mortis Domini,

Panis vivus, vitam præstans homini,
Præsta meæ menti de te vivere
Et te illi semper dulce sapere.

qui donnez la vie à l'homme, donnez à mon âme de ne vivre que de vous, et de trouver toujours en vous sa joie et ses délices.

Devant les Reliques de saint Paul, saint Jean et saint Martial, Apôtres.

Ant. Estote fortes in bello et pugnate cum antiquo serpente, et accipietis regnum æternum, alleluia.

℣. Annuntiaverunt opera Dei, alleluia.

℟. Et facta ejus intellexerunt, alleluia.

ORATIO.

Deus, qui Ecclesiam tuam Apostolicis disposuisti consistere fundamentis, præsta, quæsumus, ut qui devotè ad beatorum Apostolorum Pauli, Joannis et Martialis convenerunt Reli-

Ant. Soyez courageux dans les combats; combattez contre l'ancien serpent, et vous recevrez le royaume éternel, alleluia.

℣. Ils ont publié les œuvres de Dieu, allel.

℟. Ils ont commencé à les comprendre, allel.

ORAISON.

O Dieu, qui avez voulu que votre Eglise demeurât bâtie sur les fondements des Apôtres, donnez à ceux que la piété a réunis pour honorer les Reliques de vos Apôtres Paul, Jean et Martial,

l'appui de votre secours et l'abondance des grâces de l'Esprit saint : Par N. S. J.-C.

quias tuo auxilio muniantur, et gratia Spiritûs sancti repleantur. Per Dominum...

Devant les Reliques de saint Cyprien, Évêque et Martyr, de saint Romain et de saint Aurélius, Martyrs.

Ant. Saints et Justes, réjouissez-vous dans le Seigneur, alleluia : Dieu vous a choisis pour son héritage, alleluia.

℣. La mort des Saints du Seigneur, alleluia.

℟. Est précieuse devant lui, alleluia.

ORAISON.

Accordez, Seigneur, à nos prières, un secours qui nous réjouisse, afin qu'en honorant les Reliques de vos saints Martyrs Cyprien, Romain et Aurélius, nous imitions leur constance dans la foi. Par N. S. J.-C.

Ant. Sancti et Justi, in Domino gaudete, alleluia : vos elegit Deus in hæreditatem sibi, alleluia.

℣. Pretiosa in conspectu Domini, alleluia.

℟. Mors Sanctorum ejus, alleluia.

OREMUS.

Præsta, Domine, precibus nostris cum exultatione proventûm : ut sanctorum Martyrum Cypriani, Romani, Aurelii, quorum Reliquias colimus, etiam fidei constantiam subsequamur. Per Dominum.

Devant la Relique de saint Ignace de Loyola, Confesseur, fondateur de la Compagnie de Jésus.

Ant. Fidelis servus et prudens quem constituit Dominus super familiam suam, alleluia.

℣. Lex Dei ejus in corde ipsius, alleluia.

℟. Et non supplantabuntur gressus ejus, alleluia.

ORATIO.

Deus, qui ad majorem tui nominis gloriam propagandam, novo per beatum Ignatium subsidio militantem Ecclesiam roborâsti; concede, ut ejus auxilio et imitatione certantes in terris, coronari cum ipso mereamur in cœlis. Qui vivis.

Ant. Il est le serviteur fidèle et prudent que le Seigneur a établi sur sa famille, alleluia.

℣. La loi de Dieu est dans son cœur, alle-

℟. Et ses pas ne seront point chancelants, alleluia.

ORAISON.

O Dieu, qui pour propager la plus grande gloire de votre nom, avez donné par le bienheureux Ignace un nouveau secours à votre Église militante, accordez-nous qu'après avoir combattu sur la terre comme lui et avec son secours, nous méritions d'être couronnés avec lui dans le ciel. Vous qui vivez.

Devant les Reliques de saint Rorice, Évêque, de saint François Régis, de saint Vincent de Paul, de saint Marien, de saint Junien, Confesseurs.

Ant. Méprisant le monde et triomphant des pensées terrestres, ces Saints ont acquis, par leurs paroles et leurs actions, un trésor dans le ciel, alleluia.

℣. Le Seigneur a conduit les Justes par des voies droites, alleluia.

℟. Et il leur a fait voir le royaume de Dieu, all.

ORAISON.

O Dieu qui voyez que notre faiblesse nous rend sujets à faiblir, daignez nous fortifier dans votre amour par les exemples de vos Saints. Par N. S. J.-C.

Ant. Hi viri despicientes mundum et terrena triumphantes, divitias cœlo condiderunt ore, manu, alleluia.

℣. Justos deduxit Dominus per vias rectas. Alleluia.

℟. Et ostendit illis regnum Dei, alleluia.

ORATIO.

Deus, qui nos conspicis ex nostrâ infirmitate deficere : ad amorem tuum nos misericorditer per Sanctorum tuorum exempla reficere restaura. Per Dominum.

Devant les Reliques de sainte Valérie, de sainte Philomène, de sainte Thérèse.

Ant. Venez, épouse de Jésus-Christ, recevez la

Ant. Veni, Sponsa Christi, accipe coronam

quam tibi Dominus præparavit in æternum, alleluia.

℣. Specie tuâ et pulchritudine tuâ, alleluia.

℟. Intende prosperè, procede et regna, all.

couronne que le Seigneur vous a préparée pour l'éternité, alleluia.

℣. Parée de votre gloire et de votre beauté, alleluia.

℟. Apprêtez-vous à combattre, à vaincre et à régner, alleluia.

ORATIO.

Da nobis, quæsumus, Domine Deus noster, sanctarum Virginum tuarum gloriam incessabili devotione venerari; ut quas dignâ mente non possumus celebrare, humilibus saltem frequentemus obsequiis. Per Dominum.

ORAISON.

Seigneur notre Dieu, faites-nous, s'il vous plaît la grâce d'honorer avec une constante piété la gloire de vos Vierges, afin que si nous ne pouvons célébrer dignement leurs louanges, nous leur offrions du moins nos humbles hommages. Par N. S. J-C.

DANS LA CHAPELLE DU CARMEL

Pour adorer le très-saint Sacvement.

Adoremus in æternum Sanctissimum Sacramentum.

Adorons à jamais le très-saint Sacrement de l'autel.

Gloire au Père, au Fils et au Saint Esprit.

Gloria Patri, et Filio, et Spiritui Sancto.

Adorons à jamais le très-saint Sacrement de l'autel.

Adoremus in æternum Sanctissimum Sacramentum.

Comme il était au commencement, maintenant et toujours et dans les siècles des siècles. Ainsi soit-il.

Sicut erat in principio et nunc et semper, et in sæcula sæculorum. Amen.

Adorons à jamais le très-saint Sacrement de l'autel,

Adoremus in æternum Sanctissimum Sacramentum.

Devant la Relique de la vraie Croix.

Salut, ô Croix, notre unique espérance ! toi qui nous conduis aux joies pascales, accroîs la grâce dans le Juste, efface le crime des pécheurs.

O Crux, ave, spes unica.
Paschale quæ fers gaudium,
Piis adauge gratiam
Reisque dele crimina.

Devant les Reliques de l'Apôtre saint Martial.

HYMNE.

Que l'Eglise, en ses cantiques, chante avec allégresse les louanges du Christ en ce jour solennel,

Jucundis pangat mentibus
Pius Ecclesiæ chorus,
Laudum Christo præconia
Hæc die celeberrimâ,

Quâ Martialis inclytus, Vir Deo dilectissimus, Carnis solutus nexibus, Cœli succedit sedibus.	Où l'illustre Martial, homme si cher à Dieu, fut dégagé des liens du corps, et monta aux célestes demeures.
Hujus præclaris actibus Ac divinis affatibus, Vana detestans idola Christum recepit Gallia.	C'est à ses œuvres sublimes, c'est à ses divines paroles que la Gaule a dû de briser des vaines idoles et de se donner à Jésus-Christ.
Exultet Aquitania, Tanto Patrono dedita; Plebs maxima Lemovica Læta depromat cantica.	Que l'Aquitaine se réjouisse d'avoir un tel patron; que Limoges surtout fasse retentir en son honneur des hymnes joyeux.
Huic devota supplicet, Hunc incessanter invocet, Quo piis sese precibus Poli conjungat civibus.	Qu'elle lui adresse avec dévotion ses vœux, qu'elle l'invoque sans cesse, afin de s'unir par la ferveur de ses prières aux citoyens du ciel.
O Martialis optime, Pastor et dux egregie, Pro nostris facinoribus Interveni propitius.	O tout bon Martial, l'élite des Pasteurs, guide excellent des âmes, veuillez demander grâce pour nos crimes.

Obtenez notre pardon du clément Jésus, afin que, purifiés de nos souillures, nous jouissions parfaitement de Dieu.

Impetra nobis veniam
Apud Christi clementiam,
Ut, expiatis sordibus,
Deo fruamur pleniùs.

Daigne nous accorder ce bonheur l'éternelle Trinité, à la fois simple Unité; le Père, le Fils et l'Esprit d'amour, le Dieu qui gouverne l'univers.

Præstet æterna Trinitas,
Eadem simplex Unitas :
Parens, Natus et Charitas,
Cuncta gubernans Deitas.

Ainsi soit-il.

Amen.

Ant. O l'élite des Pasteurs! ô le miroir des Prélats! ô Martial, Docteur et Guide de l'Aquitaine! recevez les prières de ceux qui vous invoquent, et intercédez pour le salut de tous, al.

Ant. O Pastor egregie! ô speculum Præsulum! ô Martialis, Doctor et Dux Aquitaniæ! suscipe preces te deprecantium, et intercede pro salute omnium, allel,

℣ Priez pour nous, bienheureux Martial, al.

℟. Afin que nous devenions dignes des promesses de J.-C., allel.

℣. Ora pro nobis, beate Martialis, alleluia.

℟. Ut digni efficiamur promissionibus Christi, alleluia.

ORAISON.

Dieu tout-puissant et éternel, qui avez appelé

ORATIO.

Omnipotens sempiterne Deus, qui beatum

Martialem Apostolum Ecclesiæ tuæ sanctæ præesse voluisti; quæsumus ut nobis, ejus suffragantibus meritis, pietatis tuæ gratiam largiaris. Per Dominum.

au gouvernement de votre sainte Eglise le bienheureux Apôtre Martial, daignez, en considération de ses mérites, faire descendre sur nous les effets de votre miséricorde. Par N. S. J.-C.

Devant la Relique de sainte Valérie, Vierge et première martyre des Gaules.

HYMNE.

Ave, Virgo Deo digna!
Ave, Martyr Valeria!
Tu precibus dele pia
Quæ timet conscientia.

Salut, Vierge digne de Dieu! salut, Martyre Valérie! Que vos pieuses prières éloignent de nous tout ce qui peut alarmer la conscience.

Adeste servis, domina,
Jesum Christum nobis placa,
Et, impetratâ veniâ,
Trahe tuos ad supera.

Auguste Patronne, assistez vos serviteurs, rendez-nous Jésus Christ favorable, et, après avoir obtenu notre pardon, attirez-nous vers le ciel.

Virginitatis Filio
Sit laus et benedictio,

Au Fils de celle qui fut toujours Vierge, de

même qu'au Père et au Saint-Esprit, au Roi éternel, gloire et bénédiction. Ainsi soit-il.

Ant. O sainte et admirable Vierge Valérie, qui, la première dans les Gaules, avez obtenu la couronne du Martyre, intercédez sans cesse pour nous auprès du Seigneur, alleluia.

℣. Priez pour nous, sainte Valérie, alleluia.

℟. Afin que nous soyons rendus dignes des promesses de J.-C., all.

Cum Patre et sancto Flamine.
Qui regnat sine tempore.
Amen.

Ant. O sancta et mirabilis Virgo Valeria, quæ in Galliis prima Martyrii coronam adepta es, jugi prece intercede pro nobis ad Dominum, alleluia.

℣. Ora pro nobis, beata Valeria, alleluia.

℟. Ut digni efficiamur promissionibus Christi, alleluia.

ORAISON.

Dieu Tout-Puissant et Eternel, qui par la palme du martyre, avez appelé à la gloire céleste sainte Valérie, votre Vierge, daignez, en considération de ses mérites, nous accorder le pardon de nos fautes, afin que nous méritions de partager un jour son bonheur. Par.

ORATIO.

Omnipotens sempiterne Deus, qui beatam Valeriam, Virginem tuam, per martyii palmam cœlestem fecisti conscendere gloriam, da nobis ejus suffragantibus meritis, cunctorum veniam delictorum, ut ad ejusdem mereamur pertingere consortium. Per Dom.

Devant le Chef et le Corps de saint Maximin, jeune enfant Martyr.

Ant. Iste Sanctus pro lege Dei sui certavit usque ad mortem, et à verbis impiorum non timuit; fundatus enim erat supra firmam petram, alleluia.

℣. Gloria et honore coronastis eum, Domine, alleluia.

℟. Et constituisti eum super opera manuum tuarum, alleluia.

ORATIO.

Præsta, quæsumus, omnipotens Deus, ut qui beati Maximini, Martyris tui, Reliquias colimus, intercessione ejus in tui nominis amore roboremur. Per Dominum.

Ant. Ce Saint a combattu jusqu'à la mort pour la loi de son Dieu, et n'a pas craint les paroles menaçantes des impies : car il était fondé sur la pierre ferme, all.

℣. Seigneur, vous l'avez couronné d'honneur et de gloire, alleluia.

℟. Et vous lui avez donné l'empire sur les œuvres de vos mains, alleluia.

ORAISON.

Faites, nous vous en prions, Dieu tout-puissant, que, par l'intercession de Saint-Maximin, votre Martyr, dont nous vénérons les Reliques, nous soyons fortifiés sur la terre dans l'amour de votre saint nom. Par N.-S. J.-C.

Devant de nombreux ossements de saint Alpinien et de saint Austriclinien, Confesseurs ; compagnons de saint Martial.

Ant. Vous êtes les serviteurs fidèles et prudents que le Seigneur a établis sur sa famille, alleluia.

℣. Le Seigneur les a aimés et les a revêtus d'honneur, alleluia,

℟. Il leur a donné un vêtement de gloire, all.

ORAISON.

O Dieu, qui avez honoré les bienheureux Alpinien et Austriclinien, vos Confesseurs, de la dignité du sacerdoce, du titre glorieux de Disciples d'Apôtre et des grâces de la sainteté, faites que votre Eglise mette sa joie à célébrer sans cesse leur mémoire, afin qu'en se glorifiant de leur entrée dans la vie bienheureuse, elle trouve l'appui de leurs prières : par N. S J.-C.

Ant. Fideles servi et prudentes quos constituit Dominus super familiam suam, alleluia.

℣. Amavit eos Dominus et ornavit eos, all.

℟. Stolam gloriæ induit eos, alleluia.

ORATIO.

Deus, qui de beatos Alpinianum et Austriclinianum, Confessores tuos, dignitati gloria Discipulatûs apostolici ac sanctitatis muneribus adornâsti ; Ecclesiam tuam continua fac celebritate lætari, ut eorum precibus muniatur quorum natalitiis gloriatur : Per Dominum.

Devant la Relique de saint Jean de la Croix, Confesseur.

Ant. Similabo eum viro sapienti qui ædificavit domum suam supra petram, alleluia.

℣. Os justi meditabitur sapientiam, alleluia.

℟. Et lingua ejus loquetur judicium, allel.

ORATIO.

Deus, qui sanctum Joannem, Confessorem tuum, perfectæ sui abnegationis, et Crucis amatorem eximium effecisti : concede, ut ejus imitationi jugiter inhærentes, gloriam assequamur æternam. Per Dominum.

Ant. Je le comparerai à un homme sage qui a bâti sa maison sur la pierre, alleluia.

℣. La bouche du juste annoncera la sagesse, alleluia.

℟. Et sa langue publiera la justice, allel.

ORAISON.

O Dieu qui avez inspiré à saint Jean votre Confesseur un amour sublime de la parfaite abnégation et de la Croix, daignez nous conduire, par l'imitation constante de ses vertus, à la gloire éternelle. Par N. S. J.-C.

Devant la Relique de sainte Thérèse, Vierge, réformatrice du Garmel.

Ant. Venez, épouse de Jésus-Christ, recevez la couronne que le Seigneur vous a préparée pour l'éternité, alleluia.

℣. Elle surpasse en beauté, alleluia.

℟. Les filles de Jérusalem, alleluia.

ORAISON

Exaucez-nous, ô Dieu qui êtes notre salut, et faites qu'en nous réjouissant de la mémoire de sainte Thérèse, votre Vierge, nous soyons nourris du pain de sa céleste doctrine et formés aux sentiments de sa fervente piété. Par N. S. J.-C.

Ant. Veni, sponsa Christi, accipe coronam quam tibi Dominus præparavit in æternum, alleluia.

℣. Ista est speciosa, alleluia.

℟. Inter filias Jerusalem, alleluia.

ORATIO.

Exaudi nos, Deus salutaris noster, ut sicut de beatæ Theresiæ, Virginis tuæ, memoriâ gaudemus, ita cœlestis ejus doctrinæ pabulo nutriamur et piæ devotionis erudiamur affectu. Per Dominum.

Devant les Reliques de saint Prosper, saint Déodat, saint Célestin, saint Placide, saint Redempt, saint Florian, saint Hyacinthe, saint Jean, saint Vincent, saint Léon, saint Clair, saint Félicien, saint Jucundus, saint Cosme, saint Sévère, saint Honest, saint Innocent, saint Maure, saint Felicissime, saint Désiré, saint Victorin, saint Etienne, saint Bénigne, saint Lucide, saint Venturinus, saint Clément, saint Benoît, saint Adonis, Martyrs.

Ant. Filiæ Jerusalem, venite et videte Martyres cum coronis quibus coronavit eos Dominus in die solemnitatis et lætitiæ, alleluia, alleluia.

℣. Pretiosa in conspectu Domini, alleluia.

℟. Mors Sanctorum, alleluia.

ORATIO.

Præsta, quæsumus, omnipotens Deus, ut, intercedentibus beatis Martyribus tuis, et à cunctis adversitatibus

Ant. Filles de Jérusalem, venez voir les Martyrs avec les diadèmes dont le Seigneur les a couronnés au jour de la solennité et de la joie, alleluia, alleluia.

℣. La mort des Saints du Seigneur, alleluia.

℟. Est précieuse devant lui, alleluia.

ORAISON.

Faites, nous vous en prions, ô Dieu tout-puissant, que, par l'intercession de vos saints Martyrs, nos corps soient délivrés de toutes sortes d'adversités et nos âmes purifiées de toutes mauvaises pensées. Par N. S. J.-C.

liberemur in corpore et pravis cogitationibus mundemur in mente. Per Dominum.

Devant les Reliques de saint Aurélien, saint Rorice et saint Loup, Évêques de Limoges.

Ant. Prêtres de Dieu, bénissez le Seigneur; serviteurs du Seigneur, chantez la gloire de notre Dieu, alleluia.

℣. Le Seigneur les a conduits par des voies droites, alleluia.

℟. Et il leur a montré le royaume de Dieu, alleluia.

Ant. Sacerdotes Dei, benedicite Dominum; servi Domini, hymnum dicite Deo, alleluia.

℣. Justos deduxit Dominus per vias rectas, alleluia.

℟. Et ostendit illis regnum Dei, alleluia.

ORAISON.

O Dieu, qui avez instruit votre peuple du salut éternel par le ministère des bienheureux Aurélien, Rorice et Loup, faites, s'il vous plaît, qu'après avoir été sur la terre nos Pasteurs et nos

OREMUS.

Deus, qui populo tuo æternæ salutis beatos Aurelianum, Roricium, atque Lupum ministros tribuisti : præsta, quæsumus, ut quos pastores vitæ habuimus in terris, intercessores habere mereamur in cœlis. Per Dominum.

Guides, ils soient nos intercesseurs dans le ciel. Par N. S. J.-C.

Devant les Reliques de saint Charles Borromée, saint François de Sales, saint Alphonse de Liguori, saint Juste, saint Léonard, saint Domnolet, saint Simon Stock, saint Ange, saint Albert, saint Amadour, saint Antoine, saint Michel des Saints, saint Victurnien, Confesseurs.

Ant. Euge, servi boni et fideles : quia in pauca fuistis fideles, supra multa vos constituam; intrate in gaudium Domini tui, alleluia.

℣. Justos deduxit Dominus per vias rectas.

℟. Et ostendit illis regnum Dei, alleluia.

Ant. Courage, bons et fidèles serviteurs! parce que vous avez été fidèles en de petites choses, je vous établirai sur de grandes; entrez dans la joie de votre Seigneur, al.

℣. Le Seigneur a conduit les justes par de droits sentiers, alleluia.

℟. Et leur a fait voir le royaume de Dieu, allel.

OREMUS.

Adesto, Domine, supplicationibus nostris, quas in Beatorum Confessorum tuorum honore deferimus; ut qui

ORAISON.

Seigneur, écoutez favorablement les supplications que nous vous adressons en l'honneur de vos Saints Confesseurs, afin que ne mettant point notre confiance dans notre justice, nous soyons secourus par les prières de ceux qui ont été agréables à votre Majesté. Par N. S. J.-C.

nostræ justitiæ fiduciam non habemus, eorum qui tibi placuerunt precibus adjuvemur. Per Dominum.

Devant les Reliques de sainte Amélie, sainte Flavie, sainte Libérate, sainte Victoire, sainte Panaphrète, sainte Essence, compagnes de sainte Ursule, sainte Réparate, sainte Euphrasie, sainte Euphrosine, sainte Philomène, sainte Jeanne Françoise de Chantal, sainte Germaine, B. Marie de l'Incarnation, B. Marie des Anges, B. Françoise d'Amboise, B. Marguerite-Marie Alacoque.

Ant. Le royaume des cieux est semblable à un marchand qui cherche de belles perles, et qui en ayant trouvé une de grand prix, va vendre tout ce qu'il a et l'achète, alleluia.

℣. Venez, vous que j'ai choisie, alleluia.

Ant. Simile est regnum cœlorum homini negotiatori quærenti bonas margaritas ; inventâ unâ pretiosâ, dedit omnia sua et comparavit eam, alleluia.

℣. Veni, electa mea, alleluia.

℟. Et ponam in te thronum meum, alleluia.

℟. Je placerai en vous mon trône, alleluia.

ORATIO.

Da nobis, quæsumus, Domine Deus noster, Sanctarum tuarum Reliquias incessabili devotione venerari ; ut quas dignâ mente non possumus celebrare, humilibus saltem frequentemus obsequiis. Per Dominum.

ORAISON.

Seigneur notre Dieu, faites-nous, s'il vous plaît, la grâce d'honorer avec une constante piété les reliques de vos Saintes, afin que si nous ne pouvons célébrer dignement leurs louanges, nous leur offrions du moins nos humbles hommages. Par N. S. J.-C.

Devant les autres saintes Reliques.

Ant. Corpora Sanctorum, etc., page 115.

DANS LA CHAPELLE DU PETIT COUVENT DE SAINTE-CLAIRE.

Pour adorer le saint Sacrement.

Adoro te devotè latens Deitas,
Quæ sub his figuris verè latitas :

Prosterné devant vous, je vous adore, ô Dieu vraiment caché sous ces espèces : mon cœur se soumet à vous tout entier, parce qu'en vous contemplant ainsi, il est anéanti.

Tibi se cor meum totum subjicit,
Quia te contemplans totum deficit.

Devant la Relique de saint François d'Assise.

Ant. Méprisant le monde et triomphant des joies terrestres, cet homme a acquis, par ses paroles et ses actions, un trésor dans le ciel, alleluia.

Ant. Hic vir, despiciens mundum et terrena triumphans, divitias cœlo condidit ore, manu, alleluia.

℣. Le Seigneur a conduit le Juste par des voies droites, alleluia.

℟. Et il lui a fait voir le royaume de Dieu, al.

℣. Justum deduxit Dominus per vias rectas, alleluia.

℟. Et ostendit illi regnum Dei, alleluia.

ORAISON.

O Dieu, qui, par les mérites du bienheureux François, avez enrichi votre Eglise d'une nouvelle famille, faites-nous la grâce de mépriser, comme lui, les

ORATIO.

Deus, qui Ecclesiam tuam, beati Francisci meritis, fetu novæ prolis amplificas, tribue nobis ex ejus imitatione terrena despicere, et cœlestium donorum semper participatione gaudere. Per Dominum.

biens terrestres et de nous réjouir éternellement dans la participation des dons célestes. Par N.-S. J.-C.

Devant la Relique de sainte Claire, Vierge.

Ant. Veni, sponsa Christi, accipe coronam quam tibi Dominus præparavit in æternum, alleluia.

℣. Specie tuâ et pulchritudine tuâ, allel.

℟. Intende, prosperè procede et regna, allel.

ORATIO.

Exaudi nos, Deus salutaris noster, ut sicut de beatæ Claræ, Virginis tuæ, memoriâ gaudemus, ita piæ devotionis erudiamur affectu. Per Dominum.

Ant. Venez, Epousede Jésus-Christ, recevez la couronne que le Seigneur vous a préparée pour l'éternité, alleluia.

℣. Parée de votre gloire et de votre beauté, alleluia.

℟. Apprêtez-vous à combattre, à vaincre et à régner, alleluia.

ORAISON.

Exaucez-nous, ô Dieu notre Sauveur, afin que, comme la mémoire de sainte Claire, votre Vierge, nous réjouit, nous recevions la ferveur d'une pieuse dévotion. Par N.-S. J.-C.

Devant la Relique de sainte Élisabeth, reine de Hongrie.

Ant. Donnez-lui du fruit de ses mains, et que ses œuvres la louent dans les assemblées publiques, alleluia.

Ant. Date ei de fructu manuum suarum, et laudent eam in portis opera ejus, alleluia.

℣. La grâce est répandue sur ses lèvres, alleluia.

℣. Diffusa est gratia in labiis suis, alleluia.

℟. C'est pour cela que Dieu vous a bénie pour l'éternité, allel.

℟. Propterea benedixit te Deus in æternum, alleluia.

ORAISON.

Eclairez les cœurs de vos fidèles, Dieu des miséricordes, et faites, en exauçant les prières de la bienheureuse Elisabeth, que nous méprisions les félicités terrestres et que nous ne trouvions de joie que dans les consolations célestes. Par N.-S. J.-

ORATIO.

Tuorum corda fidelium, Deus miserator, illustra : et, beatæ Elisabeth precibus gloriosis, fac nos prospera mundi despicere et cœlesti semper consolatione gaudere. Per Dominum.

Devant le corps de saint Fidèle, Martyr.

Ant. Qui vult venire post me abneget semetipsum et tollat crucem suam et sequatur me, alleluia.

℣. Justus ut palma florebit, alleluia.

℟. Sicut cedrus Libani multiplicabitur, allel.

ORATIO.

Deus, qui nos beati Fidelis, martyris tui, memoriâ lætificas, concede propitius, ut cujus Reliquias colimus, de ejusdem etiam protectione gaudeamus. Per Dominum.

Ant. Que celui qui veut venir après moi, renonce à soi-même, porte sa croix et me suive, alleluia.

℣. Le Juste fleurira comme le palmier, allel.

℟. Il croîtra comme le cèdre du Liban, all.

ORAISON.

O Dieu, qui nous réjouissez par la mémoire de votre Martyr saint Fidèle ; faites, par votre bonté, qu'en honorant ses Reliques, nous ressentions les effets de sa protection. Par N.-S. J.-C.

Devant les Reliques de saint Honest, saint Tranquille, saint Benoît, sainte Victoire, saint Patient, sainte Véréconde, sainte Rédempta, saint Urbain, saint Optat, saint Verecondus, saint Célestin, saint Simplicien, saint Speciosus, saint Pacifique, saint Pierre Régalat, Martyrs.

Ant. Gaudent in cœlis animæ Sanctorum

Ant. Les âmes des Saints qui ont marché

sur les traces de Jésus-Christ sont comblés de joie dans le ciel; parce qu'ils ont répandu leur sang pour son amour, ils jouissent avec lui d'un bonheur sans fin, alleluia.

qui Christi vestigia sunt secuti; et quia pro ejus amore sanguinem suum fuderunt, ideo cum Christo e:sultant sine fine, alleluia.

℣. Les Saints tressailleront de joie dans la gloire, alleluia.

℣. Exultabunt Sancti in gloriâ, alleluia.

℟. Ils feront éclater leurs transports dans le lieu de leur repos, allel.

℟. Lætabuntur in cubilibus suis, alleluia.

ORAISON.

O Dieu qui nous réjouissez par la mémoire de vos saints Martyrs, faites, par votre bonté, que, comme leurs mérites nous remplissent d'allégresse, leurs exemples enflamment notre piété. Par N.-S. J.-C.

ORATIO.

Deus, qui nos sanctorum Martyrum tuorum memoriâ lætificas, concede propitius, ut quorum gaudemus meritis, accendamur exemplis. Per Dominum.

Devant les autres saintes Reliques.

Ant. Corpora Sanctorum, etc., page 115.

DANS LA CHAPELLE DU MONASTÈRE DE LA VISITATION SAINTE - MARIE.

Pour adorer le saint Sacrement.

Cor, Arca legem continens,
Non servitutis veteris,
Sed gratiæ, sed veniæ,
Sed et misericordiæ!

Cœur, arche sainte qui renfermez la loi, non celle de l'antique servitude, mais la loi de grâce, de pardon et de miséricorde !

Cor, sanctuarium novi
Intemeratum fœderis,
Templum vetusto sanctius,
Velumque scisso utilius!

Cœur, sanctuaire si pur de la nouvelle alliance, temple plus saint que l'ancien, voile plus digne que celui qui fut déchiré !

Te vulneratum charitas
Ictu patenti voluit,
Amoris invisibilis
Ut veneremur vulnera.

Si la charité voulut qu'on vous fît une large blessure, ce fut pour nous faire vénérer, sous votre symbole, ses feux invisibles.

Hoc sub amoris symbolo
Passus cruenta et mystica,

C'est sous ce symbole d'amour que, souffrant des tortures sanglantes et mystiques, le Christ, souverain Prêtre, a offert un double sacrifice.

Qui ne lui rendra amour pour amour? Quel homme attendri par une telle rédemption, n'ira placer dans ce Cœur son éternelle demeure?

Honneur au Père, et au Fils, et au Saint-Esprit, à qui appartiennent puissance, gloire et empire dans tous les siècles. Ainsi soit-il.

Utrumque sacrificium
Christus Sacerdos obtulit.

Quis nos amantem redamet?
Quis non redemptus diligat,
Et Corde in isto seligat
Æterna tabernacula?

Decus Parenti et Filio,
Sanctoque sit Spiritui,
Quibus potestas, gloria
Regnumque in omne est sæculum. Amen.

Devant la Relique de la vraie Croix.

O Croix notre espérance, arbre le plus noble de tous, nulle forêt n'a produit ton pareil pour le feuillage, la fleur et le fruit; tu nous es cher, ô bois, et plus cher encore le doux Fardeau suspendu à tes clous sacrés.

Crux fidelis inter omnes,
Arbor una nobilis,
Nulla silva talem profert
Fronde, flore, germine.
Dulce lignum, dulces clavos,
Dulce Pondus sustinet.

Devant le Chef de saint Candide.

Ant. Qui odit animam suam in hoc mundo, in vitam æternam custodit eam, alleluia.

℣. Posuisti, Domine, super caput ejus, allel.

℟. Coronam de lapide pretioso, alleluia.

ORATIO.

Deus, qui nos concedis sancti Martyris tui Candidi Reliquias colere, da nobis in æternâ beatitudine de ejus societate gaudere. Per Dominum.

Ant. Celui qui hait son âme en ce monde, la garde pour la vie éternelle, alleluia.

℣. Seigneur, vous avez placé sur sa tête, alleluia.

℟. Une couronne de pierres précieuses, allel.

ORAISON.

O Dieu, qui nous accordez d'honorer les Reliques de saint Candide, votre Martyr, faites-nous jouir avec lui de la félicité éternelle. Par N. S. J.-C.

Devant les Reliques de saint François de Sales, fondataur de l'ordre de la Visitation,

Ant. Amavit eum Dominus et ornavit eum : stolam gloriæ induit eum, et ad portas paradisi coronavit eum, alleluia.

℣. Justum deduxit Do-

Ant. Le Seigneur l'a aimé et l'a revêtu d'honneur ; il lui a donné un vêtement de gloire et il l'a couronné à la porte du ciel, alleluia.

℣. Le Seigneur a conduit le Juste par des voies droites, alleluia.

℟. Et il lui a montré le royaume de Dieu, all.

minus per vias rectas, alleluia.

℟. Et ostendit illi regnum Dei, alleluia.

ORAISON.

O Dieu, qui pour le salut des âmes, avez voulu que le bienheureux François, votre Confesseur et Pontife, se fit tout à tous, accordez à nos prières que, pénétrés de la douceur de votre charité, dirigés par ses avis, et soutenus par ses mérites, nous obtenions les joies éternelles. Par N. S. J.-C.

ORATIO.

Deus, qui ad animarum salutem beatum Franciscum, Confessorem tuum atque Pontificem, omnibus omnia factum esse voluisti ; concede propitius, ut charitatis tuæ dulcedine perfusi, ejus dirigentibus monitis ac suffragantibus meritis, æterna gaudia consequamur. Per Dominum.

Devant la Relique de sainte Jeanne-Françoise de Chantal, fondatrice de l'Ordre de la Visitation.

Ant. Elle a ouvert sa main à l'indigent, elle les a ouvertes au pauvre; elle n'a pas mangé son pain dans l'oisiveté, al.

℣. La grâce est répandue sur vos lèvres, allel.

Ant. Manum suam aperuit inopi et palmas suas extendit ad pauperem; et panem otiosa non comedit, alleluia.

℣. Diffusa est gratia in labiis tuis, alleluia.

℟. Propterea benedixit te Deus in æternum, alleluia.

ORATIO.

Omnipotens et misericors Deus, qui, beatam Joannam Franciscam, tuo amore succensam, admirabili spiritûs fortitudine per omnes vitæ semitas in viâ perfectionis donâsti, quique per illam illustrare Ecclesiam tuam novâ prole voluisti; ejus meritis et precibus concede, ut qui infirmitatis nostræ conscii de tuâ virtute confidimus, cœlestis gratiæ auxilio cuncta nobis adversantia vincamus. Per Dominum.

℟. C'est pour cela que Dieu vous a bénie pour l'éternité, alleluia.

ORAISON.

Dieu tout-puissant et miséricordieux, qui, après avoir embrasé de votre amour la bienheureuse Jeanne-Françoise, lui avez donné cette admirable force d'âme qui l'a fait avancer en perfection dans toutes les positions de la vie, et qui par elle avez voulu fortifier votre Eglise par une nouvelle famille de servantes, faites, par ses prières et ses mérites, que nous qui, connaissant notre infirmité, mettons notre confiance en votre force, nous surmontions, par le secours de la grâce céleste, tout ce qui nous est contraire. Par N. S. J-C.

Devant les Reliques de sainte Valentine, Vierge et Martyre.

Ant. Venez, épouse de Jésus-Christ ! recevez la couronne que le Seigneur vous a préparée pour l'éternité, alleluia.

℣. Parée de votre gloire et de votre beauté, alleluia.

℟. Apprêtez-vous à combattre, à vaincre et à régner, alleluia.

ORAISON.

Que la bienheureuse Valentine, Vierge et Martyre, implore pour nous votre miséricorde, Seigneur, elle qui vous a toujours été agréable par le mérite de sa chasteté, par le courage qu'elle a reçu de vous. Par N. S. J.-C.

Ant. Veni, sponsa Christi, accipe coronam quam tibi Dominus præparavit in æternum, alleluia.

℣. Specie tuâ et pulchritudine tuâ, allel.

℟. Intende, prosperè procede et regna alleluia.

ORATIO.

Indulgentiam nobis, quæsumus, Domine, beata Valentina, Virgo et Martyr, imploret, quæ tibi grata semper extitit et merito castitatis et tuæ professione virtutis. Per Dominum.

Devant les Reliques de la bienheureuse Marguerite-Marie Alacoque, Vierge, Apôtre du Cœur de Jesus.

Ant. Cette Vierge sur-

Ant. Ista est speciosa

inter filias Jerusalem, alleluia.

℣. Elegit eam Deus et præelegit eam, alleluia.

℟. In tabernaculo suo habitare facit eam, all.

ORATIO.

Domine Jesu Christe, qui investigabiles divitias cordis tui beatæ Margaritæ, Virginis, mirabiliter revelasti; da nobis ejus meritis et imitatione, ut te in omnibus et super omnia diligentes, jugem in eodem corde tuo mansionem habere mereamur. Qui vivis, etc.

passe en beauté les filles de Jérusalem, alleluia.

℣. Dieu l'a choisie et l'a choisie de préférence, alleluia.

℟. Il l'a fait habiter dans ses tabernacles, al.

ORAISON.

Seigneur Jésus, qui avez miraculeusement révélé les ineffables richesses de votre Cœur à la bienheureuse Vierge Marguerite-Marie, faites que, par ses mérites et par l'imitation de ses vertus, vous chérissant en toutes choses et par-dessus toutes choses, nous méritions d'avoir dans votre même cœur une demeure éternelle. Vous qui vivez, etc.

DANS LA CHAPELLE DU MONASTÈRE DES FILLES DE NOTRE-DAME.

Pour adorer le saint Sacrement.

Ant. Bon pasteur, Pain véritable, Jésus, ayez pitié de nous ; soyez notre nourriture et notre soutien. Faites-nous jouir des véritables biens dans la terre des vivants.

Ant. Bone Pastor, Panis vere, Jesu nostrî miserere ; Tu nos pasce nos tuere. Tu nos bona fac videre in terrâ viventium.

Devant la Relique de la vraie Croix.

Salut, ô Croix, notre unique espérance ! toi qui nous a conduits aux joies pascales, accrois la grâce dans le Juste, efface le crime du pécheur.

O Crux, ave, spes unica,
Paschale quæ fers gaudium,
Piis adauge gratiam,
Reisque dele crimina.

Devant la Relique de saint Martial, Apôtre.

Ant. Saluons avec allégresse le etour de

Ant. Venerandam beatissimi Patroni nostri

Martialis excipientes solemnitatem devotissimè celebremus ; ut ipse qui, jubente Domino, Aquitanicæ gentis Pastor et Doctor exstitit primus, suis obtineat meritis ut consortes ipsius efficiamur in cœlestibus, allel.

l'auguste solennité de notre bienheureux Patron, et célébrons-la avec piété, afin que, après avoir été, par la mission de Dieu, le premier Docteur du peuple d'Aquitaine, il obtienne, par ses mérites, que nous ayons part à sa gloire dans le ciel, all.

℣. Ora pro nobis, beate Martialis, alleluia.

℟. Ut digni efficiamur promissionibus Christi, alleluia.

℣. Priez pour nous, bienheureux Martial, all.

℟. Afin que nous devenions dignes des promesses de J.-C., all.

ORATIO.

Deus, qui Ecclesiam tuam Apostolicis disposuisti consistere fundamentis; præsta, quæsumus, ut qui devotè ad beati Apostoli Martialis convenerunt Reliquias, tuo auxilio muniantur, et gratiâ Spiritûs sancti repleantur. Per Dominum....

ORAISON.

O Dieu, qui avez voulu que votre Eglise demeurât bâtie sur les fondements des Apôtres, donnez à ceux que la piété a réunis pour honorer les Reliques du saint Apôtre Martial, l'appui de votre secours et l'abondance des grâces de l'Esprit saint : Par N. S. J.-C.

Devant les Reliques de saint François de Sales et de sainte Jeanne de Chantal.

Les mêmes prières qu'à la page 189.

Devant les Reliques de sainte Seconde, sainte Albine, sainte Victoire, sainte Essence, sainte Exparre, Compagnes de sainte Ursule, Vierges et Martyres.

Ant. Vierges sages, préparez vos lampes : voici l'Époux qui vient, allez au devant de lui, alleluia.

℣. A sa suite les Vierges seront amenées au Roi, alleluia.

℟. Ses compagnes vous seront présentées, alleluia.

Ant. Prudentes Virginies, aptate vestras lampades : Ecce Sponsus venit, exite obviam ei, alleluia.

℣. Adducentur Regi Virgines post eam, alleluia.

℟. Proxima ejus afferentur tibi, alleluia.

ORAISON.

Accordez-nous, Seigneur notre Dien, nous vous en supplions, la grâce d'honorer avec constance les triomphes de vos saintes Vierges et Martyres Seconde, Albine, Victoire, Essen-

ORATIO.

Da, quæsumus, Domine Deus noster, sanctarum Virginum et Martyrum tuarum Secundæ, Albinæ, Victoriæ, Essentiæ, Exparræ palmas incessabili devotione venerari, ut quas digna mente non possumus celebrare, humilibus saltem frequentemus obsequiis. Per Dominum.

ce, Exparre, afin que si nous ne pouvons célébrer dignement leurs louanges, nous leur offrions du moins nos humbles hommages. Par N. S. J.-C.

Devant un Reliquaire contenant les Reliques des Saints qu'on honore chaque jour de l'année.

Ant. Sancti tui, Domine, florebunt sicut lilium, alleluia; et sicut odor balsami erunt ante te, alleluia.

Ant. Vos Saints, Seigneur, fleuriront comme le lys, alleluia; ils seront pour vous comme un parfum de baume, alleluia.

℣. Lux perpetua lucebit Sanctis tuis, Domine, alleluia.

℟. Et æternitas temporum, alleluia.

℣. Une lumière éternelle éclairera vos Saints, Seigneur, alleluia.

℟. Et la mesure de leur bonheur sera l'éternité, alleluia.

ORATIO.

Deus, qui nos omnium Sanctorum tuorum confessione gloriosâ circumdas et protegas, præsta nobis ex eorum

ORAISON.

O Dieu, qui nous gardez et nous protégez par le glorieux mérite de tous vos Saints; faites-nous la grâce de profiter de leurs exemples et d'être aidés du secours de leurs prières. Par N. S. J.-C.

imitatione proficere et oratione fulciri. Per Dominum.

DANS LA CHAPELLE DU MONASTÈRE DE SAINT-JOSEPH DE LA PROVIDENCE.

Pour adorer le très-saint Sacrement.

O Jésus, que je ne vois maintenant qu'à travers un voile, rassasiez, je vous prie, l'ardente soif de mon âme ; qu'un jour mes yeux, perçant le nuage qui vous cache, jouissent à découvert de la vue de votre gloire. Amen.

Jesu quem velatum
nunc aspicio,
Oro, fiat illud quod tam
sitio,
Ut, te revelatâ cernens
facie
Visu sim beatus tuæ
gloriæ. Amen.

Devant le Chef de sainte Foi.

Ant. Venez, épouse de Jésus-Christ, recevez la couronne que le Seigneur vous a préparée pour l'éternité, alleluïa.

Ant. Veni, sponsa Christi, accipe coronam quam tibi Dominus præparavit in æternum, alleluia.

℣. Specie tuâ et pulchritudine tuâ, alleluia.

℟. Intende, prosperè procede et regna, alleluia.

ORATIO.

Deus, qui inter cætera potentiæ tuæ miracula, etiam in sexu fragili victoriam martyrii contulisti, concede propitius, ut qui beatæ Fidis, Virginis et Martyris tuæ, Reliquias colimus, per ejus ad te exempla gradiamur. Per Dominum.

℣. Parée de votre gloire et de votre beauté, allel.

℟. Apprêtez-vous à combattre, à vaincre et à régner, alleluia.

ORAISON.

O Dieu, qui parmi les merveilles de votre puissance avez fait remporter la palme du martyre au sexe le plus faible, faites-nous, s'il vous plaît, la grâce qu'en honorant les Reliques de sainte Foi, votre Vierge et Martyre, nous profitions de ses exemples pour marcher dans la voie qui conduit à vous. Par N. S. J.-C.

Devant les Reliques de saint Victor, saint Maure et saint Théophile, Martyrs.

Ant. Lux perpetua lucebit Sanctis tuis, Domine, et æternitas temporum, alleluia.

℣. Sancti et Justi, in

Ant. Une lumière éternelle éclairera vos Saints, Seigneur; et la mesure de leur bonheur sera l'éternité, alleluia.

℣. Saints et Justes,

réjouissez-vous dans le Seigneur, alleluia.

℟. Dieu vous a choisis pour son héritage, allel.

Domino gaudete, alleluia.

℟. Vos elegit Deus in hæreditatem sibi, allel.

ORAISON.

Que les Reliques de vos bienheureux Martyrs Victor, Maure et Théophile nous protégent : nous vous le demandons, Seigneur, et que leurs saintes prières nous rendent agréables à Votre Majesté. Par N. S. J.-C.

ORATIO.

Beatorum Martyrum Victoris, Mauri et Theophili, nos, quæsumus, Domine, Reliquias tueantur; et eorum commendet oratio veneranda. Per Dominum.

Devant les autres saintes Reliques.

Ant. Corpora Sanctorum, etc., page 115.

DANS LA CHAPELLE DES SŒURS DE LA CROIX.

Pour adorer le très-saint Sacrement.

Adorons à jamais le très-saint Sacrement de l'autel. (*trois fois.*)

Adoremus in æternum Sanctissimum Sacramentum. (*ter.*)

Devant la Relique de la vraie Croix.

Crux fidelis inter omnes,
Arbor una nobilis,
Nulla silva talem profert
Fronde, flore, germine.
Dulce lignum, dulces clavos
Dulce pondus sustinet.

O croix notre unique espérance, arbre le plus noble de tous, nulle forêt n'a produit son pareil pour le feuillage, la fleur et le fruit. Tu nous es cher, ô bois, et plus cher encore le doux Fardeau suspendu à tes clous sacrés.

Pange, lingua, gloriosi
Lauream certaminis
Et super crucis trophæo
Dic triumphum nobilem
Qualiter Redemptor orbis
Immolatus vicerit.

Chante, ma langue, la couronne du glorieux combat : célèbre le noble triomphe dont la croix est le trophée, et la victoire que le Rédempteur du monde remporta dans son immolation.

Crux fidelis, etc.

O Croix, notre unique, etc.

Devant le Chef de saint Pudens, Martyr.

Ant. Iste Sanctus pro lege Dei sui certavit usquè ad mortem, et à

Ant. Ce Saint a combattu jusqu'à la mort pour la loi de son Dieu et n'a pas craint les paroles menaçantes des impies : car il était fondé sur la pierre ferme, al.

℣. Seigneur, vous l'avez couronné d'honneur et de gloire, allel.

℟. Et vous lui avez donné l'empire sur les œuvres de vos mains, al.

verbis impiorum non timuit : fundatus enim erat supra firmam petram, alleluia.

℣. Gloria et honore coronâsti eum, Domine, alleluia.

℟. Et constituisti eum super opera manuum tuarum, alleluia.

ORAISON.

Dieu tout-puissant, regardez notre faiblesse, et comme le poids de nos péchés nous accable, fortifiez-nous par l'intercession du bienheureux Pudence, votre Martyr. Par N. S. J.-C.

ORATIO.

Infirmitatem nostram respice, quæsumus, omnipotens Deus, et quia pondus propriæ actionis gravat beati Pudentis, Martyris tui, intercessio gloriosa nos protegat. Per Dominum.

Devant la Relique de saint Dominique.

Ant. Méprisant le monde et triomphant des pensées terrestres, le Saint a acquis, par ses paroles et ses actions, un trésor dans le ciel, al.

℣. Le Seigneur a con-

Ant. Hic vir despiciens mundum et terrena triumpham, divitias, cœlo condidit ore, manu, alleluia.

℣. Justum deduxit

Dominus per vias rectas, alleluia.

℟. Et ostendit illi regnum Dei, alleluia.

duit le Juste par des voies droites, allelnia.

℟. Et il lui a fait voir le royaume de Dieu, alleluia.

ORATIO.

Deus, qui Ecclesiam tuam beati Dominici, Confessoris tui, illuminare dignatus es meritis et doctrinis, concede ut ejus intercessione temporalibus non destituatur auxiliis, et spiritualibus semper proficiat incrementis. Per Dominum.

ORAISON.

O Dieu, qui avez daigné éclairer votre Eglise par les mérites et la doctrine du bienheureux Dominique, votre Confesseur, faites que, par son intercession, elle ne soit jamais privée de secours temporels et qu'elle fasse toujours de nouveaux progrès dans les œuvres spirituelles. Par N. S. J.-C.

Devant les Reliques de sainte Ursule, Vierge et Martyre, et de ses compagnes.

Ant. Prudentes Virgines, aptate lampades vestras : ecce Sponsus venit, exite obviam ei, alleluia.

℣. Adducentur Regi

Ant. Vierges sages, préparez vos lampes : voilà l'époux qui vient, allez au-devant de lui, alleluia.

℣. A sa suite, les

Vierges seront amenées au Roi, alleluia.

℟. Ses compagnes vous seront présentées, Seigneur, alleluia.

Virgines post eam, al.

℟. Proximæ ejus afferentur tibi, alleluia.

ORAISON.

Accordez-nous, Seigneur notre Dieu, nous vous en supplions, la grâce d'honorer avec une constante piété les triomphes de votre Vierge et Martyre Ursule et de ses compagnes, afin que si nous ne pouvons célébrer dignement leurs louanges, nous leur offrions du moins nos humbles hommages. Par N. S. J.-C.

ORATIO.

Da nobis, quæsumus, Domine Deus noster, Sanctæ Virginis et Martyris tuæ et Sociarum palmas incessabili devotione venerari, ut quas mente non possumus, humilibus salutem frequentemus obsequiis. Per Dominum.

DANS LA CHAPELLE DU CŒUR AGONISANT, DES SŒURS DE SAINT-ALEXIS.

Pour adorer le très-saint Sacrement.

Memoriale mortis Domini,
Panis vivus, vitam præstans homini,
Præsta meæ menti de te vivere,
Et te illi semper dulce sapere.

O souvenir de la mort du Seigneur, pain vivant qui donnez la vie à l'homme, donnez à mon âme de ne vivre que de vous, et de trouver toujours en vous sa joie et ses délices.

Devant le Chef de saint Placide.

Ant. Qui vult venire post me abneget semetipsum et tollat crucem suam et sequatur me, al.

℣. Justus ut palma florebit, alleluia.

℟. Sicut cedrus Libani multiplicabitur, alleluia.

Ant. Que celui qui veut venir après moi renonce à soi-même, porte sa croix et me suive, al.

℣. Le Juste fleurira comme le palmier, allel.

℟. Il croîtra comme le cèdre du Liban, alleluia.

ORAISON.

Faites, s'il vous plaît, Dieu tout-puissant que, par l'intercession du bienheureux Placide, votre Martyr, nos corps soient délivrés de toutes sortes d'adversités et nos âmes purifiées de toute mauvaises pensées. Par N. S. J.-C.

ORATIO.

Præsta, quæsumus, omnipotens Deus, ut, intercedente beato Placido, Martyre tuo, et à cunctis adversitatibus liberemur in corpore et à pravis cogitationibus mundemur in mente. Per Dominum.

Devant les Reliques de saint Alexis, Confesseur.

Ant. Méprisant le monde et triomphant des pensées terrestres, ce Saint a acquis, par ses paroles et par ses actions, un trésor dans le ciel, allel.

℣. Le Seigneur a conduit le Juste par des voies droites, alleluia.

℟. Et il lui a fait voir le royaume de Dieu, al.

Ant. Hic vir despiciens mundum et terrena triumphans, divitias cœlo condedit ore, manu, alleluia.

℣. Justum deduxit Dominus per vias rectas, alleluia.

℟. Et ostendit illi regnum Dei, alleluia.

ORAISON.

O Dieu, qui nous réjouissez par le souvenir du bienheureux Alexis, votre Confesseur, faites,

ORATIO.

Deus, qui nos beati Alexii, Confessoris tui, memoriâ lætificas, concede propitius ut cujus

Reliquias colimus, etiam actiones imitemur. Per Dominum.

par votre bonté, que nous qui vénérons ses Reliques, nous imitions aussi ses vertus. Par N. S. J.-C.

Devant les Reliques de saint Fortunat, saint Faust, saint Donat, saint Andrechius, saint Prosper, saint Patient, saint Caprais, saint Léger, saint Eutrope, saint Boniface, saint Pudence, saint Maurice, saint Fabien, saint Sébastien, saint Clément, saint Irénée, saint Sévère, saint Eugène, Martyrs.

Ant. Sancti et Justi, in Domino gaudete, alleluia. vos elegit Deus in hæreditatem sibi, alleluia.

℣. Pretiosa in conspectu Domini, alleluia.

℟. Mors Sanctorum ejus, alleluia.

ORATIO.

Infirmitatem nostram respice, omnipotens Deus; et quia pondus propriæ actionis gravat, beatorum Martyrum tuo-

Ant. Saints et Justes, réjouissez-vous dans le Seigneur, alleluia. Dieu vous a choisis pour son héritage, alleluia.

℣. La mort des Saints du Seigneur, alleluia.

℟. Est précieuse devant lui, alleluia.

ORAISON.

Dieu tout-puissant et éternel, regardez notre faiblesse, et, comme le poids de nos péchés nous accable, fortifiez-nous par l'intercession de vos bienheureux Martyrs. Par N. S. J.-C.

rum intercessio gloriosa nos protegat. Per Dominum.

Devant la Relique de saint Martial, Apôtre.

Ant. O l'élite des pasteurs ! ô le miroir des Prélats ! ô Martial, Docteur et Guide de l'Aquitaine ! recevez les prières de ceux qui vous invoquent, et intercédez pour le salut de tous, alleluia.

℣. Priez pour nous, ô bienheureux Martial, al.

℟. Afin que nous devenions dignes des promesses de J.-C., allel.

ORAISON.

O Dieu tout-puissant et éternel, qui avez appelé au gouvernement de votre sainte Eglise le bienheureux Apôtre Martial, daignez, en considération de ses mérites, faire descendre sur nous les effets de votre miséricorde. Par N. S. J.-C.

Ant. O pastor egregie, ô Speculum Præsulum, ô Martialis, Doctor et Dux Aquitaniæ, suscipe preces te deprecantium, et intercede pro salute omnium, alleluia.

℣. Ora pro nobis, beate Martialis, alleluia.

℟. Ut digni efficiamur promissionibus Christi, alleluia.

ORATIO.

Omnipotens sempiterne Deus, qui beatum Martialem Apostolum, Ecclesiæ tuæ sanctæ præesse voluisti, quæsumus, ut nobis, ejus suffragantibus meritis, pietatis tuæ gratiam largiaris. Per Dominum.

Devant les Reliques de saint Austriclinien, saint Alpinien, saint Justinien, saint Israël, saint Théobald, saint Vincent de Paul, saint Louis, évêque de Toulouse, saint Cloud, saint Etienne de Muret, saint Léonard, saint Jean de Matha, saint Loup, saint Guillaume, saint Hugues, saint Just, saint Domnolet, saint Gaucher, saint Gérald, Confesseurs.

Ant. Euge, servi boni et fideles : quia in pauca fuistis fideles, supra multa vos constituam; intrate in gaudium Domini tui, alleluia.

Ant. Courage, bons et fidèles serviteurs! parce que vous avez été fidèles en de petites choses, je vous établirai sur de grandes; entrez dans la joie de votre Seigneur, alleluia.

℣. Justos deduxit Dominus per vias rectas, alleluia.

℟. Et ostendit illis regnum Dei, alleluia.

℣. Le Seigneur a conduit les justes par de droits sentiers, alleluia.

℟. Et leur a fait voir le royaume de Dieu, al.

ORATIO.

Adeste, Domine, supplicationibus nostris quas in Beatorum Confessorum tuorum honore deferimus, ut qui nostræ justitiæ fiduciam non ha-

ORAISON.

Seigneur, écoutez favorablement les supplications que nous vous adressons en l'honneur de vos saints Confesseurs, afin que, ne mettant point notre confiance dans notre justice, nous soyons secourus par les prières de ceux qui vous ont été agréables. Par N. S. J.-C.

bemus, eorum qui tibi placuerunt, precibus adjuvemur. Per Dominum.

Devant les Reliques de sainte Valérie, sainte Eutropie, sainte Orthmarie, sainte Réparate, sainte Martine, sainte Ursule, sainte Catherine, sainte Constance, sainte Mathilde et la B. Marguerite-Marie.

Ant. Le royaume des cieux est semblable à un marchand qui cherche de belles pierres, et qui en ayant trouvé une de grand prix, va vendre tout ce qu'il a, et l'achète, alleluia.

℣. La grâce est répandue sur vos lèvres, allel.

℟. C'est pour cela que le Seigneur vous a bénie pour l'éternité, alleluia.

Ant. Simile est regnum cœlorum homini negociatori quærenti bonas margaritas; inventâ unâ pretiosâ, dedit omnia sua et comparavit eam, alleluia.

℣. Diffusa est gratia in labiis tuis, alleluia.

℟. Propterea benedixit te Deus in æternum, alleluia.

ORAISON.

Exaucez-nous, ô Dieu notre Sauveur, afin que,

ORATIO.

Exaudi nos, Deus salutaris noster, ut sicut

de beatarum Virginum, veneratione Reliquiarum gaudemus, ita piæ devotionis erudiamur affectu. Per Dominum.

comme la vénération des Reliques de vos saintes Vierges nous donne de la joie, nous recevions aussi par là la faveur d'une pieuse dévotion. Par N.

Devant les autres saintes Reliques.

Ant. Corpora Sanctorum, etc., page 115.

DANS LA CHAPELLE DU BON PASTEUR.

Pour adorer le très-saint Sacrement.

O salutaris Hostia,
Quæ cœli pandis ostium!
Bella premunt hostilia,
Da robur, fer auxilium.

O Victime salutaire, qui nous ouvrez le ciel; l'ennemi nous livre de rudes combats : Fortifiez-nous contre ses attaques, prêtez-nous votre secours.

Devant les Reliques de la vraie Croix, de la sainte Crèche et des Instruments de la Passion de N. S. J.-C.

Crux fidelis inter omnes,

O Croix notre espérance, arbre le plus noblé de tous, nulle forêt n'a produit ton pareil pour le feuillage, la fleur et le fruit. Tu nous es cher, ô bois, et plus cher encore le doux Fardeau suspendu à tes clous sacrés.

Arbor una nobilis,
Nulla silva talem profert
Fronde, flore, germine.
Dulce lignum, dulces clavos,
Dulce Pondus sustinet.

A sa naissance, le Sauveur fut couché dans une crèche; c'est de là qu'il fait entendre ses vagissements; la Vierge mère enveloppe de langes ses membres délicats; les mains et les pieds d'un Dieu sont captifs sous les bandelettes, comme ceux des autres enfants.

Vagit Infans inter acta
Conditus præsepia;
Membra pannis involuta
Virgo mater alligat,
Et Dei manus pedesque
Stricta cingit fascia.

Dans son agonie, on l'abreuve de fiel; c'est là que les épines, les clous, la lance déchirent son corps délicat; l'eau et le sang s'épanchent de sa plaie; la terre, la mer, les astres, le monde tout entier reçoivent ce jet qui les purifie. Amen.

Felle potus, ecce languet,
Spina, clavi, lancea
Mite corpus perforarunt,
Unda manat et cruor.
Terra, pontus, astra, mundus.
Quo lavantur crimine.
Amen.

Devant le Corps de saint Justin, Martyr.

Ant. Iste sanctus pro lege Dei sui certavit usque ad mortem et à verbis impiorum non timuit : fundatus enim erat supra firmam petram, alleluia.

℣. Gloria et honore coronâsti eum, Domine, alleluia.

℟. Et constituisti eum super opera manuum tuarum, alleluia.

ORATIO.

Præsta, quæsumus, omnipotens Deus, ut, intercedente beato Justino, Martyre tuo, et a cunctis adversitatibus liberemur in corpore, et à pravis cogitationibus mundemur in mente, alleluia.

Ant. Ce Saint a combattu jusqu'à la mort pour la loi de son Dieu, et n'a pas craint les paroles menaçantes des impies, car il était fondé sur la pierre ferme, al.

℣. Seigneur, vous l'avez couronné d'honneur et de gloire, alleluia.

℟. Et vous lui avez donné l'empire sur les œuvres de vos mains, al.

ORAISON.

Faites, s'il vous plaît, Dieu tout-puissant, que, par l'intercession du bienheureux Justin, votre Martyr, nos corps soient délivrés de toutes sortes d'adversités et nos âmes purifiées de toutes pensées mauvaises. Par N.-S. J.-C.

Devant le Corps de saint Romain, Martyr.

Ant. Qui odit animam suam in hoc mundo, in

Ant. Celui qui hait son âme dans ce monde, la

garde pour la vie éternelle, alleluia.

℣. Le Juste fleurira comme le palmier, al.

℟. Il croîtra comme le cèdre du Liban, alleluia.

ORAISON.

O Dieu, qui nous réjouissez par le souvenir de votre Martyr saint Romain, faites, par votre bonté, que nous jouissions de la protection de celui dont nous honorons les Reliques. Par N. S. J.-C.

vitam æternam custodit eam, alleluia.

℣. Justus ut palma florebit, alleluia.

℟. Sicut cedrus multiplicabitur, alleluia.

ORATIO.

Deus, qui nos beati Romani, martyris tui, memoria lætificas; concede propitius, ut cujus Reliquias colimus, de ejus etiam protectione gaudeamus. Per Dominum.

Devant le Corps de saint Quinctien, Martyr.

Ant. Que celui qui veut venir après moi renonce à soi-même, porte sa croix et me suive, al.

℣. Seigneur, vous avez posé sur sa tête, al.

℟. Une couronne de pierres précieuses, allel.

ORAISON.

Faites, nous vous en

Ant. Qui vult venire post me, abneget semetipsum et tollat crucem suam, et sequatur me, alleluia.

℣. Posuisti, Domine, super caput ejus, allel.

℟. Coronam de lapide pretioso, allel.

ORATIO.

Præsta, quæsumus,

Omnipotens Deus, ut qui beati Quinctiani, Martyris tui, Reliquias colimus, intercessione ejus in tui nominis amore roboremur. Per Dominum.

prions, Dieu tout-puissant, que, par l'intercession de saint Quinctien, votre Martyr, dont nous honorons les Reliques, nous soyons fortifiés dans l'amour de votre nom. Par N. S. J.-C.

Devant les Reliques de saint Prosper, saint Prudent, saint Just, saint Célestin, saint Libérat, saint Floride, saint Amand, saint Félicissime, saint Probe, saint Caste, saint Défendant, saint Félix, saint Maxime, saint Magnus, saint Gaudens, saint Urbain, saint Jucundus, saint Faust, saint Diodore, saint Gaudiose, saint Dignatien, saint Gratus, saint Basile, saint Honorat, saint Verecundus, saint Jucundinus, saint Désiré, saint Blandin, saint Modeste, saint Luceus, saint Victorius, saint Eutrope, saint Bon, saint Tranquille, saint Valentin, saint Agapet, saint Salvatus, saint Léonce, saint Aurélius, saint Faustin, Mart.

Ant. Gaudent in cœlis animæ Sanctorum qui Christi vestigia sunt secuti, et quia pro ejus amore sanguinem suum fuderunt, ideo cum

Ant. Les âmes des Saints qui ont marché sur les traces de Jésus-Christ, sont comblées de joie dans le ciel; parce qu'ils ont répandu leur sang pour son amour, ils jouissent avec lui d'un bonheur sans fin, al.

℣. Les Saints tressailleront de joie dans la gloire, alleluia.

℟. Ils feront éclater leurs transports dans le lieu de leurs repos, al.

Christo exsultant sine fine, alleluia.

℣. Exsultabunt Sancti in gloriâ, alleluia.

℟. Lætabuntur in cubilibus suis, alleluia.

ORAISON.

O Dieu, qui nous accordez de vénérer les Reliques de vos Saints Martyrs, faites-nous jouir, en leur compagnie, de la félicité éternelle. Par N.-S. J.-C.

ORATIO.

Deus, qui nos concedis sanctorum Martyrum tuorum Reliquias colere, da nobis in æternâ beatitudine eorum societate gaudere. Per Dominum.

Devant le Corps de sainte Libérée, Martyre.

Ant. Venez, épouse de Jésus-Christ, recevez la couronne que le Seigneur vous a préparée pour l'éternité, alleluia.

℣. Parée de votre gloire et de votre beauté, alleluia.

℟. Apprêtez-vous à

Ant. Veni, Sponsa Christi, accipe coronam quam tibi Dominus, præparavit in æternum, alleluia.

℣. Specie tuâ et pulchritudine tuâ, alleluia.

℟. Intende, prosprè

procede et regna, alleluia.

combattre, à vaincre et à régner, alleluia.

ORATIO.

Deus qui inter cætera potentiæ tuæ miracula, etiam in sexu fragili victoriam martyrii contulisti, concede propitius, ut qui beatæ Liberatæ, Martyris tuæ, Reliquias colimus, per ejus ad te exempla gradiamur. Per Dominum.

ORAISON.

O Dieu, qui, parmi toutes les merveilles de votre puissance, avez fait remporter la victoire du martyre au sexe même le plus faible, faites-nous, s'il vous plaît, la grâce qu'en honorant les Reliques de la bienheureuse Libérée, votre Vierge, nous profitions de ses exemples pour marcher dans la voie qui conduit à vous. Par N. S. J.-C.

---

*Devant le Corps de sainte **Félicienne**, Vierge et Martyre.*

Ant. Veni, electa mea, et ponam in te thronum meum, alleluia.

℣. Diffusa est gratia in labiis tuis, alleluia.

℟. Propterea benedixit te Deus in æternum, al.

Ant. Venez, ô vous que j'ai choisie, et je placerai en vous mon trône, al.

℣. La grâce est répandue sur vos lèvres, allel.

℟. C'est pour cela que Dieu vous a bénie pour l'éternité, alleluia.

ORAISON.

Que la bienheureuse Félicienne, Vierge et Martyre, implore pour nous votre miséricorde, Seigneur, elle qui vous a été toujours agréable par le mérite de la chasteté et par le courage qu'elle a reçu de vous. Par N. S. J.-C.

ORATIO.

Indulgentiam nobis, quæsumus, Domine, beata Feliciana, Virgo et Martyr, imploret, quæ tibi grata semper extitit et merito castitatis et tuæ professione virtutis. Per Dominum.

Devant le Corps de sainte Léopalda, Martyre.

Ant. Cette Vierge surpasse en beauté les filles de Jérusalem, allel.

℣. Dieu l'a choisie et l'a choisie de préférence, alleluia.

℟. Il l'a fait habiter dans son tabernacle, al.

Ant. Ista est speciosa inter filias Jerusalem, alleluia.

℣. Elegit eam Deus et præelegit eam, alleluia.

℟. In tabernaculo suo habitare facit eam, allel.

ORAISON.

Exaucez-nous, ô Dieu notre Sauveur, afin que, comme la mémoire de votre Vierge sainte Léopalda nous réjouit, nous recevions aussi la ferveur d'une sainte dévotion. Par N. S. J.-C.

ORATIO.

Exaudi nos, Deus salutaris noster, ut sicut de beatæ Leopaldæ, Virginis tuæ, memoriâ gaudemus, ita piæ devotionis erudiamur affectu. Per Dominum.

Devant les Reliques de sainte Victoire, sainte Honeste, sainte Innocente, sainte Salvata, sainte Donate, sainte Concorde, sainte Maxima, sainte Victorienne, sainte Fulgence, sainte Eutropie, sainte Théophila, sainte Digna, sainte Gaudiose, sainte Illuminée, sainte Sérène, sainte Grata, sainte Modesta, sainte Honorate, sainte Fructuose, sainte Diodore, etc.

Ant. Prudentes Virgines, aptate lampades vestras : ecce Sponsus venit, exite obviam ei, alleluia.

℣. Adducentur Regi Virgines post eam, allel.

℟. Proximæ ejus afferentur tibi, alleluia.

Ant. Vierges sages, préparez vos lampes : voici l'Epoux qui vient, allez au-devant de lui, al.

℣. A sa suite, les Vierges seront amenées au Roi, alleluia.

℟. Ses compagnes vous seront présentées, allel.

ORATIO.

Da nobis, quæsumus, Domine Deus noster, sanctarum Virginum et Martyrum tuarum palmas incessabili devotione venerari, ut quas dignâ mente non possumus celebrare, humilibus sal-

ORAISON.

Accordez-nous, Seigneur notre Dieu, nous vous en supplions, la grâce d'honorer avec une constante piété les triomphes de vos saintes Vierges et Martyres, afin que si nous ne pouvons célébrer dignement leurs louanges, nous leur offrions du moins nos humbles hommages. Par N. S. J.-C.

tem frequentemus obsequiis. Per Dominum.

Devant un Reliquaire qui contient des Reliques des saints qu'on honore chaque jour de l'année.

Ant. Vos Saints, Seigneur, fleuriront comme le lis, alleluia; ils seront pour vous comme un parfum délicieux, al.

℣. Une lumière éternelle éclairera vos saints, alleluia.

℟. Et la mesure de leur bonheur sera l'éternité, alleluia.

ORAISON.

O Dieu qui nous ardez et nous protégez par le glorieux triomphe de tous vos Saints, faites-nous la grâce de profiter de leurs exemples et d'être aidés du secours de leurs prières. Par N. S. J.-C.

Ant. Sancti tui, Domine, florebunt sicut lilium, alleluia; et sicut odor balsami erunt ante te, alleluia.

℣. Lux perpetua lucebit sanctis tuis, Domine.

℟. Et æternitas temporum, alleluia.

ORATIO.

Deus, qui nos omnium Beatorum tuorum confessione gloriosâ circumdas et protegis, præsta nobis ex ejus imitatione proficere et oratione fulciri. Per Dominum.

DANS LA CHAPELLE DE NOTRE-DAME DE LOURDES, DU PENSIONNAT DE SAINTE ANGÈLE DES SŒURS DE NEVERS.

Pour adorer le très-saint Sacrement.

Lauda, Sion, Salvatorem. Lauda Ducem et Pastorem In hymnis et canticis.	Louez votre Sauveur, ô Sion, louez votre Chef et votre Pasteur dans vos hymnes et vos cantiques.
Ecce Panis Angelorum Factus cibus viatorum. Vere Panis filiorum Non mittendus canibus.	Voici le pain des Anges devenu la nourriture des hommes; c'est vraiment le pain des enfants, qui ne doit point être jeté aux chiens.
Lauda, Sion, etc.	Louez votre Sauveur, etc.

Devant la Relique de la vraie Croix, de la sainte Epine et de la sainte Crèche.

Crux fidelis inter omnes, Arbor una nobilis ,	O Croix notre espérance, arbre le plus noble e.tre tous : nulle

n'a produit ton pareil pour le feuillage, la fleur et le fruit. Tu nous es cher, ô bois, et plus cher encore le doux Fardeau suspendu à tes clous sacrés.

A sa naissance, le Sauveur est couché dans une crèche ; c'est là qu'il fait entendre ses vagissements ; la Vierge-Mère enveloppe de langes ses membres délicats : les mains et les pieds d'un Dieu sont captifs sous les bandelettes comme ceux des autres enfants.

C'est sur la Croix qu'on l'abreuve de fiel dans son agonie ; c'est là que les épines, les clous, la lance déchirent son corps délicat ; l'eau et le sang s'épanchent de sa plaie ; la terre, la mer, les astres, le monde tout entier reçoivent ce jet qui les purifient.

Nulla silva talem profert
Fronde, flore, germine.
Dulce lignum, dulces clavos,
Dulce Pondus sustinet.

Vagit infans inter acta
Conditus præsepia :
Membra pannis involuta
Virgo mater alligat,
Et Dei manus pedesque
Stricta cingit fascia.

Felle potus, ecce languet.
Spina, clavi, lancea,
Mite corpus perforarunt
Unda manat et cruor :
Terra, pontus, astra, mundus,
Quo lavantur flumine.

Devant une Relique du vêtement de la Très-Sainte Vierge.

Ant. Beatam me dicent omnes generationes, quia ancillam humilem respexit Deus, alleluia.

℣. Ora pro nobis sancta Dei Genitrix, al.

℟. Ut digni efficiamur promissionibus Christi, alleluia.

ORATIO.

Concede nos, famulos tuos, quæsumus, Domine Deus, perpetuâ mentis et corporis sanitate gaudere ; et gloriosâ beatæ Mariæ semper Virginis intercessione à præsenti liberari tristitiâ et æternâ perfrui lætitiâ. Per Dominum.

Ant. Toutes les générations m'appelleront bienheureuse, parce que Dieu a regardé son humble servante, alleluia.

℣. Priez pour nous, sainte mère de Dieu, al.

℟. Afin que nous devenions dignes des promesses de J.-C., alleluia.

ORAISON.

Daignez, Seigneur, donner en tout temps à vos serviteurs la santé de l'âme et du corps, et accordez-nous, par l'intercession de la bienheureuse Marie toujours Vierge, d'être délivrés des maux de la vie présente et de jouir dans le ciel de l'éternelle félicité. Par N. S. J.-C.

Devant une Relique du manteau de saint Joseph.

Ant. Jésus avait environ trente ans, et on le croyait fils de Joseph, alleluia.

℣. La bouche du Juste annoncera la sagesse, al.

℟. Et sa langue redira la justice, alleluia.

ORAISON.

O Dieu, qui par une Providence ineffable, avez daigné choisir le bienheureux Joseph pour être l'Epoux de votre très-sainte Mère, faites, nous vous en supplions, que nous méritions d'avoir pour intercesseur dans le ciel celui que nous vénérons comme notre protecteur sur la terre. Par N. S. J.-C.

Ant. Ipse Jesus erat incipiens quasi annorum trigenta, ut putabatur filius Joseph, allel.

℣. Os justi meditabitur sapientiam, allel.

℟. Et lingua ejus loquetur judicium, allel.

ORATIO.

Deus, qui ineffabili Providentiâ, beatum Joseph sanctissimæ Genitricis tuæ Sponsum eligere dignatus es, præsta, quæsumus, ut quem protectorem veneramur in terris, intercessorem habere mereamur in cœlis. Per Dominum.

Devant la Relique de saint Martial, Apôtre.

Ant. O l'élite des Pasteurs! ô le miroir des

Ant. O Pastor egregie! ô speculum Præsulum, ô Martialis, Doctor et Dux Aquitaniæ, suscipe preces te deprecantium, et intercede pro salute omnium, alleluia.

℣. Ora pro nobis, beate Martialis, alleluia.

℟. Ut digni efficiamur promissionibus Christi, alleluia.

Prélats ! ô Martial, Docteur et Guide de l'Aquitaine, recevez les prières de ceux qui vous invoquent et intercédez pour le salut de tous, alleluia.

℣. Priez porr nous, bienheureux Martial, al.

℟. Afin que nous devenions dignes des promesses de Jésus-Christ, alleluia.

ORATIO.

Omnipotens sempiterne Deus, qui beatum Martialem apostolum Ecclesiæ tuæ sanctæ præesse voluisti, quæsumus ut nobis, ejus suffragantibus meritis, pietatis tuæ gratiam largiaris. Per Dominum.

ORAISON.

Dieu tout-puissant et éternel, qui avez appelé au gouvernement de votre sainte Église le bienheureux Martial, daignez, en considération de ses mérites, faire descendre sur nous les effets de sa miséricorde. Par N. S. J.-C.

Devant la Relique de sainte Valérie.

Ant. O sancta et mirabilis Virgo Valeria, quæ in Galliis prima

Ant. O sainte et admirable Vierge Valérie, qui, la première dans les

Gaules, avez obtenu la couronne du Martyre, intercédez sans cesse pour nous auprès du Seigneur, alleluia.

℣. Priez pour nous, sainte Valérie, alleluia.

℟. Afin que nous devenions dignes des promesses de Jésus-Christ, alleluia.

ORAISON.

Dieu tout-puissant et éternel, qui, par la palme du Martyre, avez appelé à la gloire céleste sainte Valérie, votre Vierge, daignez, en considération de ses mérites, nous accorder le pardon de nos fautes, afin que nous méritions de partager un jour son bonheur. Par N. S. J.-C.

martyrii coronam adepta es, jugi prece intercede pro nobis ad Dominum, alleluia.

℣. Ora pro nobis, beata Valeria, alleluia.

℟. Ut digni efficiamur promissionibus Christi, alleluia.

ORATIO.

Omnipotens Deus, qui beatam Valeriam, Virginem tuam, per martyrii palmam cœlestem fecisti conscendere gloriam, da nobis, ejus suffragantibus meritis, cunctorum veniam delictorum, ut ad ejusdem mereamur pertingere consortium. Per Dominum.

Devant la Relique de sainte Marthe, Vierge.

Ant. Venez, épouse de Jésus-Christ, recevez la couronne que le Sei-

Ant. Veni, sponsa Christi, accipe coronam quam tibi Dominus præparavit in æternum, alleluia.

℣. Specie tuâ et pulchritudine tuâ, alleluia.

℟. Intende, prosperè procede et regna, allel.

gneur vous a préparée pour l'éternité, alleluia.

℣. Parée de votre beauté, alleluia.

℟. Apprêtez-vous à combatte, à vaincre et à régner, alleluia.

ORATIO.

Exaudi nos, Deus salutaris noster, ut sicut de beatæ Marthæ, Virginis tuæ, memoriâ gaudemus, ita piæ devotionis erudiamur affectu. Per Dominum.

ORAISON.

Exaucez-nous, ô Dieu notre Sauveur, afin que comme la mémoire de votre Vierge sainte Marthe nous donne de la joie, nous recevions aussi la ferveur d'une sainte dévotion. Par N. S. J.-C.

Devant la Relique de sainte Angèle de Merici.

Ant. Hæc est Virgo sapiens et una de numero prudentum, alleluia.

℣. Diffusa est gratia in labiis, alleluia.

℟. Propterea benedixit te Deus in æternum, alleluia.

Ant. Cette Sainte est une des Vierges sages; elle est du nombre des vierges prudentes, allel.

℣. La grâce est répandue sur vos lèvres, al.

℟. C'est pour cela que Dieu vous a bénie pour l'éternité.

ORAISON.

O Dieu qui avez voulu, par la bienheureuse Angèle, faire fleurir dans votre Eglise une nouvelle communanté de Vierges saintes, accordez-nous, par son intercession, la grâce de vivre comme les Anges et de mériter, après avoir renoncé à toutes les choses de la terre, de goûter les joies éternelles. Par N. S. J.-C.

ORATIO.

Deus, qui novum, per beatam Angelam sacrarum virginum collegium in Ecclesiâ tuâ florescere voluisti ; da nobis, ejus intercessione, angelicis moribus vivere, ut terrenis omnibus abdicatis gaudiis, perfrui mereamur æternis. Per Dominum.

Devant la Relique de sainte Victoire, Vierge et Martyre.

Ant. Le royaume des cieux est semblable à un marchand qui cherche de belles perles et qui, en ayant trouvé une de grand prix, va vendre tout ce qu'il a, et l'achète, alleluia.

℣. Cette Vierge surpasse en beauté, alleluia.

Ant. Simile est regnum cœlorum homini negociatori quærenti bonas margaritas; inventa una pretiosa, dedit omnia sua et comparavit eam, alleluia.

℣. Ista est speciosa, alleluia.

℟. Inter filias Jerusalem, alleluia.

℟. Toutes les filles de Jérusalem, alleluia.

ORATIO.

Indulgentiam nobis, quæsumus, Domine, beata Victoria Virgo et Martyr imploret, quæ tibi grata semper extitit et merito castitatis et tuæ professione virtutis. Per Dominum.

ORAISON.

Que la bienheureuse Victoire, Vierge et Martyre, implore pour nous votre miséricorde, Seigneur; elle qui vous a toujours été agréable par le mérite de la chasteté et par le courage qu'elle a reçu de vous. Par N.-S. J.-C.

Devant les Reliques de saint Etienne, saint Laurent, saint Florian, saint Justin, saint Maximin, saint Vincent, saint Léon, saint Sébastien, saint Prosper, saint Célestin, saint Félix, saint Modeste, Mart.

Ant. Lux perpetua lucebit sanctis tuis, Domine, et æternitas temporum, alleluia.

Ant. Une lumière éternelle éclairera vos Saints, Seigneur, et la mesure de leur bonheur sera l'éternité, alleluia.

℣. Exultabunt Sancti in gloriâ, alleluia.

℣. Les Saints tressailleront de joie dans la gloire, alleluia.

℟. Lætabuntur in cubilibus suis, alleluia.

℟. Ils feront éclater leurs transports dans le lieu de leur repos, allel.

ORAISON.

Seigneur, faites-nous la grâce d'honorer toujours avec piété les Reliques de vos saints Martyrs, afin que, par leurs suffrages, nous ressentions le bienfait de votre protection. Par N.-S. J.-C.

ORATIO.

Fac nos, quesumus. Sanctorum Martyrum tuorum semper Reliquias colere, quorum suffragiis protectionis tuæ dona sentiamus. Per Dominum.

Devant les Reliques de saint Rorice, saint Alpinien, saint Austriclinien, saint Celse, saint Léonard, saint Psalmet, saint Philippe de Néri, saint Camille de Lellis, saint Louis de Gonzague saint Stanislas Koska, saint Dominique, saint Vincent de Paul, le bienheureux Benoît Joseph Labre.

Ant. Je les comparerai à des hommes sages qui ont bâti leur maison sur la pierre, alleluia.

℣. Dieu les a aimés et les a revêtus d'honneur, alleluia.

℟. Il leur a donné un vêtement de gloire, alleluia.

Ant. Similabo eos viris sapientibus qui ædificaverunt domum suam supra petram, alleluia.

℣. Amavit eos Dominus et ornavit eos, al.

℟. Stolam gloriæ induit eos, alleluia.

ORAISON.

Faites, s'il vous plait,

ORATIO.

Da Ecclesiæ tuæ, quæsumus, Domine, sanctis Confessoribus tuis intercedentibus, superbè non sapere, sed tibi placitâ humilitate proficere, ut prava despiciens, quæcumque recta sunt liberâ exerceat charitate. Per Dominum.

Seigneur, que, par l'intercession de vos saints Confesseurs, votre famille évite l'orgueilleuse sagesse, et vous serve dans l'humilité qui vous plaît, afin que méprisant ce qui est mal, elle pratique avec amour et liberté ce qui est bien. Par N. S. J.-C.

Devant les Reliques de sainte Valérie, sainte Martine, sainte Flavie Domitille, sainte Félicité, sainte Pauline, sainte Seconde, sainte Germaine.

Ant. Istarum est enim regnum cœlorum quæ contempserunt vitam mundi et pervenerunt ad præmia regni et laverunt stolas suas in sanguine Agni, alleluia.

Ant. Le royaume des cieux appartient à celles qui ont méprisé la vie de ce monde et qui sont parvenues à obtenir les récompenses éternelles, après avoir lavé leurs robes dans le sang de l'agneau, alleluia.

℣. Gloriâ et honore coronasti eas, Domine, alleluia.

℣. Le Seigneur les a couronnées de gloire et d'honneur, alleluia.

℟. Et constituisti eas

℟. Et vous leur avez

donné l'empire sur les œuvres de vos mains, alleluia.

super opera manuum tuarum, alleluia.

ORAISON.

Exaucez-nous, ô Dieu notre Sauveur, afin que, comme la mémoire de vos Saintes nous donne de la joie, nous recevions aussi la ferveur d'une sainte dévotion. Par N. S. J.-C.

ORATIO.

Exaudi nos, Deus salutaris noster, ut sicut de Beatarum memoriâ gaudemus, ita piæ devotionis erudiamur affectu. Per Dominum.

DANS LA CHAPELLE DES SŒURS DU SAUVEUR ET DE LA SAINTE VIERGE.

Pour adorer le très-saint Sacrement.

O Victime salutaire, qui nous ouvrez le ciel ; l'ennemi nous livre de rudes combats ; fortifiez nous contre ses attaques, prêtez-nous votre secours.

O salutaris Hostia
Quæ cœli pandis ostium!
Bella premunt hostilia,
Da robur, fer auxilium.

Devant la Relique de saint Louis de Gonzague.

Ant. Similabo eum viro sapienti qui ædificavit domum suam supra petram, alleluia.

℣. Amavit eum Dominus et ornavit eum, al.

℟. Stolam gloriæ induit eum, alleluia.

ORATIO

Cœlestium donorum distributor Deus, qui in angelico juvene Aloisio miram vitæ innocentiam pari cum pœnitentiâ sociâsti : ejus meritis et precibus concede ut innocentem non secuti pœnitentem imitemur. Per Dominum.

Ant. Je le comparerai à un homme sage qui a bâti sa maison sur la pierre, alleluia.

℣. Le Seigneur l'a aimé et l'a revêtu d'honneur, alleluia.

℟. Il lui a donné un vêtement de gloire, al.

ORAISON.

O Dieu qui distribuez les biens du ciel et qui avez réuni dans le jeune et angélique Louis les merveilles de l'innocence et de la mortification, faites, par ses mérites et par son intercession, que si nous n'avons pas sa pureté, nous imitions au moins sa pénitence. P. N. S. J.-C.

Devant la Relique de sainte Ursule, Vierge et Martyre.

Ant. Veni, sponsa Christi, accipe coronam

Ant. Venez, épouse de Jésus-Christ recevez la

couronne que le Seigneur vous a préparée pour l'éternité, alleluia.

℣. La grâce est répandue sur vos lèvres, all.

℟. C'est pour cela que Dieu vous a bénie pour l'éternité, alleluia.

quam tibi Dominus præparavit in æternum, al.

℣. Diffusa est gratia in labiis tuis, alleluia.

℟ Propterea benedixit te Deus in æternum, al.

ORAISON.

Accordez-nous, Seigneur notre Dieu, nous vous en supplions, la grâce d'honorer avec une constante dévotion le triomphe de votre Vierge et Martyre Ursule, afin que si nous ne pouvons pas célébrer dignement ses louanges, nous lui offrions du moins nos humbles hommages. Par N. S. J.-C.

ORATIO.

Da nobis, quæsumus, Domine Deus noster. sanctæ Virginis et martyris tuæ Ursulæ palmam, incessabili devotione venerari, ut quam dignâ mente non possumus celebrare, humilibus saltem frequentemus obsequiis Per Dominum.

Devant la Relique de sainte Germaine, Vierge.

Ant. Venez, ô vous que j'ai choisie, et je placerai en vous mon trône, alleluia.

℣. Dieu la choisie et la

Ant. Veni, electa mea, et ponam in te thronum meum, alleluia.

℣. Elegit eam Deus

et præelegit eam, allel.

choisie d'un amour de préférence, alleluia.

℟. In tabernaculo suo habitare facit eam, allel.

℟. Et il l'a fait habiter dans sa demeure, allel.

ORATIO.

Deus, humilium celsitudo, qui beatam Germanam, Virginem tuam, caritatis et patientiæ decore excellere disposuisti, ejus meritis et intercessione concede, ut crucem jugiter ferentes, te semper diligere valeamus. Per Dominum.

ORAISON.

O Dieu, qui êtes la gloire des personnes humbles, et qui avez voulu que votre bienheureuse Vierge Germaine vous aimât de toute la force de son âme, et qu'elle se distinguât par une patience à toute épreuve; faites, nous vous en prions, que les tribulations de cette vie nous portent à vous aimer de plus en plus. Par N. S. J.-C.

DANS LA VILLE DE SAINT JUNIEN.

DANS L'ÉGLISE PAROISSIALE.

Pour adorer le très-saint Sacrement.

Tantum ergo Sacramentum

Adorons avec un profond respect un Sacrement si digne de nos hommages; que l'ancien précepte cède au nouveau, et que la foi supplée à la faiblesse de nos sens.

Veneremur cernui,
Et antiquum documentum
Novo cedat ritui,
Præstet fides supplementum
Sensuum defectui.

Devant la Relique de la vraie Croix.

Salut, ô Croix, notre unique espérance! toi qui nous a conduits aux joies pascales; accrois la grâce dans le Juste, efface le crime du pécheur.

Que toute âme vous glorifie, ô Trinité principe de notre salut; vous nous donnez la victoire par la Croix, daignez y ajouter la récompense. Amen.

O Crux, ave, spes unica,
Paschale quæ fers gaudium,
Piis adauge gratiam,
Reisque dele crimina.

Te, fons salutis, Trinitas,
Collandet omnis spiritus,
Quibus crucis victoriam
Largiris adde præmium. Amen.

Devant les Chefs de saint Junien et de saint Amand.

Ant. Méprisant le monde et triomphant des pensées terrestres, ces

Ant. Hi viri despicientes mundum et terrena triumphantes, divitias cœlo condiderunt ore, manu, alleluia.

Saints ont acquis, par leurs paroles et leurs actions, un trésor dans le ciel, alleluia.

℣. Justos deduxit Dominus per vias rectas, alleluia.

℟. Et ostendit illis regnum Dei, alleluia.

℣. Le Seigneur a conduit les Justes par les voies droites, alleluia.

℟. Il leur a montré le royaume de Dieu, allel.

ORATIO.

Adesto, Domine, supplicationibus nostris quas in beatorum Juniani et Amandi, Confessorum tuorum, honore deferimus; ut qui nostræ justitiæ fiduciam non habemus, eorum qui tibi placuerunt precibus adjuvemur · Per Dominum.

ORAISON.

Seigneur, écoutez favorablement nos supplications que nous vous adressons en l'honneur de vos saints Confesseurs Junien et Amand, afin que, ne mettant point notre confiance dans notre justice, nous soyons secourus par les prières de ceux qui vous sont agréables : Par N. S. J.-C.

Devant le Chef de saint Théodore, Martyr.

Ant. Qui vult venire post me abneget semetipsum, tollat crucem suam et sequatur me, al.

Ant. Que celui qui veut venir après moi renonce à soi-même, porte sa croix et me suive, al.

℣. Le Juste fleurira comme le palmier, allel.

℟. Il croîtra comme le cèdre du Liban, alleluia.

℣. Justus ut palma florebit, alleluia.

℟. Sicut cedrus Libani multiplicabitur, alleluia.

ORAISON.

Faites, nous vous en prions, Dieu tout-puissant, par l'intercession de votre Martyre saint Théodore dont nous honorons les Reliques, nous soyons fortifiés dans l'amour de votre saint Nom : Par N. S. J.-C.

ORATIO.

Præsta, quæsumus, omnipotens Deus noster, ut qui beati Theodori, Martyris tui, Reliquias colimus, intercessione ejus in tui nominis amore roboremur : Per Dominum.

DANS LA CHAPELLE DE L'HOSPICE.

Pour adorer le très-saint Sacrement.

O Victime salutaire qui nous ouvrez le ciel, l'ennemi nous livre de rudes combats; fortifiez-nous contre ses attaques, prêtez-nous votre secours.

O salutaris Hostia,
Quæ cœli pandis ostium!
Bella premunt hostilia,
Da robur, fer auxilium.

Devant les Reliques de saint Alexis, saint Alpinien et saint Léonard, Confesseurs,

Ant. Similabo eos viro sapienti qui ædificavit domum suam supra petram, alleluia.

℣. Amavit eos Dominus, et ornavit eos, alleluia.

℟. Stolam gloriæ induit eos, alleluia

ORATIO.

Deus, qui nos beatorum Confessorum tuorum memoriâ lætificas, concede propitius, ut quorum Reliquias colimus, etiam actiones imitemur : Per Dominum.

Ant. Je les comparerai à un homme sage qui a bâti sa maison sur la pierre, alleluia.

℣. Le Seigneur les a aimés et les a revêtus d'honneur, alleluia.

℟. Il leur a donné un vêtement de gloire, allel.

ORAISON.

O Dieu, qui nous donnez un sujet de joie par le souvenir de vos saints Confesseurs, faites, s'il vous plaît, qu'en honorant leurs Reliques, nous imitions leurs vertus : Par N. S. J.-C.

Devant les Reliques de saint Patient et saint Placide,

Ant. Lux perpetua lucebit sanctis tuis, Dominus, et æternitas temporum, alleluia.

℣. Sancti et Justi, in

Ant. Une lumière éternelle éclairera vos Saints, Seigneur, et la mesure de leur bonheur sera l'éternité, alleluia.

℣. Saints et Justes, réjouissez-vous dans le Seigneur, alleluia.

℟. Dieu vous a choisis, pour son héritage, al.

ORAISON.

O Dieu, qui nous accordez d'honorer les Reliques de vos saints Martyrs, faites-nous jouir, en leur compagnie, de la félicité éternelle. Par N. S. J.-C.

Domino gaudete, alleluia.

℟. Vos elegit Deus in hæreditate sibi, allel.

ORATIO.

Deus qui nos concedis sanctorum Martyrum tuorum Reliquias colere, da nobis in æternâ beatitudine de eorum societate gaudere : Per Dominum.

Devant les Reliques de sainte Ursule, sainte Orthmarie et sainte Innocente, Vierges et Martyres.

Ant. Vierges prudentes, préparez vos lampes : voilà l'Époux qui vient, allez au-devant de lui, al.

℣. A sa suite les Vierges seront amenées au Roi, alleluia.

℟. Ses compagnes vous seront présentées, allel.

ORAISON.

Accordez-nous, Seigneur notre Dieu, nous vous en supplions, la grâce d'honorer avec une

Ant. Prudentes Virgines, aptate lampades vestras : ecce Sponsus venit, exite obviam ei, al.

℣. Adducentur Regi Virgines post eam, alleluia.

℟. Proximæ ejus afferentur tibi, alleluia.

ORATIO.

Da nobis, quæsumus, Domine Deus noster, sanctarum Virginum et Martyrum tuarum Ursulæ, Orthmariæ et Innocentiæ palmas incessabili devotione venerari : ut quas dignâ mente non possumus celebrare, humilibus saltem frequentemus obsequiis : Per Dominum.

constante piété les triomphes de vos saintes Vierges et Martyres Ursule, Orthmarie et Innocente, afin que si nous ne pouvons célébrer dignement leurs louanges, nous leur offrions du moins nos humbles hommages. Par N. S. J.-C.

DANS LA VILLE DU DORAT.

DANS L'ÉGLISE DE SAINT-PIERRE ÈS-LIENS.

Pour adorer le très-saint Sacrement.

Tantum ergo Sacramentum
Veneremur cernui,
Et antiquum documentum
Novo cedat ritui,
Præstet fides supplementum
Sensuum defectui.

Adorons avec un profond respect un Sacrement si digne de nos hommages ; que l'ancien précepte cède au nouveau, et que la foi supplée à la faiblesse de nos sens.

Devant la Relique de la vraie Croix.

Salut, ô Croix, notre unique espérance! toi qui nous a conduits aux joies pascales, accrois la grâce dans le Juste, efface le crime des pécheurs.

Que toute âme vous glorifie, ô Trinité, principe de notre salut; vous nous donnez la victoire par la Croix, daignez-y ajouter la récompense. Amen.

O Crux, ave, spes unica,
Paschale quæ fers gaudium,
Auge piis justitiam
Reisque dele crimina.

Te, fons salutis, Trinitas.
Collaudet omnis spiritus,
Quibus Crucis victoriam
Largiris adde præmium.
Amen.

Devant les Corps de saint Israël et saint Théobald.

Ant. Méprisant le monde et triomphant des pensées terrestres, ces Saints ont acquis, par leurs paroles et leurs actions, un trésor dans le ciel, alleluia.

℣. Le Seigneur a conduit les Justes par les voies droites, alleluia.

℟. Il leur a montré le royaume de Dieu, allel.

Ant. Hi viri despicientes mundum et terrena triumphantes, divitias cœlo condiderunt ore, manu, alleluia.

℣. Justos deduxit Dominus per vias rectas, alleluia.

℟. Et ostendit illis regnum Dei, alleluia.

ORATIO.

Adeste, Domine, supplicationibus nostris quas in beatorum Israëlis et Theobaldi, Confessorum tuorum honore deferimus, ut qui nostræ justitiæ fiduciam non habemus, eorum qui tibi placuerunt precibus adjuvemur : Per Dominum.

ORAISON.

Seigneur, écoutez favorablement nos supplications que nous vous adressons en l'honneur de vos saints Confesseurs Israël et Théobald, afin que, ne mettant point notre confiance dans notre justice, nous soyons secourus par les prières de ceux qui vous sont agréables. Par N.S. J.-C.

DANS LA CHAPELLE DES FRANCISCAINES DE NOTRE-DAME DU TEMPLE.

Pour adorer le très-saint Sacrement.

Adoremus in æternum Sanctissimum Sacramentum (*ter*).

Adorons à jamais le très-saint Sacrement de l'autel (*trois fois*).

Devant les Reliques de la vraie Croix, et des Instruments de la Passion de N. S. J.-C.

Crux fidelis inter omnes,
Arbor una nobilis,

O Croix notre espérance, arbre le plus noble de tous, nulle forêt n'a produit ton pareil pour le feuillage, la fleur et le fruit. Tu nous es cher, ô bois et plus cher encore le doux Fardeau suspendu à tes clous sacrés.

Nulla silva talem profert
Fronde, flore, germine.
Dulce lignum, dulces clavos,
Dulce Pondus sustinet.

C'est là qu'on abreuve de fiel le Sauveur pendant son agonie, là que les épines, les clous, la lance déchirent son corps délicat; l'eau et le sang s'épanchent de sa plaie; la terre, la mer, les astres, le monde tout entier reçoivent ce jet qui les purifie. Amen.

Felle potus ecce languet,
Spina, clavi, lancea
Mite corpus perforarunt,
Unda manat et cruor:
Terra, pontus, astra, mundus
Quo lavantur crimine. Amen.

Devant une Relique du vêtement de la sainte Vierge.

Ant. Toutes les nations m'appelleront bienheureuse, parce que Dieu a regardé son humble servante, alleluia.

Ant. Beatam me dicent omnes generationes, quia ancillam humilem respexit Deus, alleluia.

℣. Priez pour nous, sainte Mère de Dieu, al.

℣. Ora pro nobis, sancta Dei Genitrix, al.

℟. Afin que nous

℟. Ut digni efficiamur

promissionibus Christi, alleluia.

ORATIO.

Concede nos famulos tuos, quæsumus, Domine Deus, perpetuâ mentis et corporis sanitate gaudere, et gloriosâ beatæ Mariæ, semper Virginis intercessione à præsenti tristitiâ et æternâ perfrui lætitiâ : Per Dominum.

devenions dignes des promesses de Jésus-Christ, alleluia.

ORAISON.

Daignez, Seigneur, donner en tous temps à vos serviteurs la santé de l'âme et du corps, et accordez-nous, par l'intercession de la bienheureuse Marie, toujours Vierge, d'être délivrés des maux de la vie présente, et de jouir dans le ciel de l'éternelle félicité. Par N. S. J.-C.

Devant la Relique du manteau de saint Joseph.

Ant. Ipse Jesus erat incipiens quasi annorum trigenta, ut putabatur filius Joseph, alleluia.

℣. Os Justi meditabitur sapientiam, alleluia.

℟. Et lingua ejus loquetur judicium, allel.

ORATIO.

Deus, qui, ineffabili Providentiâ, beatum Jo-

Ant. Jésus avait environ trente ans, et on le croyait fils de Joseph, alleluia.

℣. La bouche du Juste annoncera la sagesse, al.

℟. Sa langue publiera la justice, alleluia.

ORAISON.

O Dieu, qui, par une Providence ineffable, avez

daigné choisir le bienheureux Joseph pour être l'Époux de votre très-sainte Mère, faites, nous vous en supplions, que nous méritions d'avoir pour intercesseur dans le ciel Celui que nous vénérons comme notre protecteur sur la terre. Par N. S. J.-C.

seph sanctissimæ Genitricis tuæ Sponsum eligere dignatus es, præsta, quæsumus, ut quem protectorem veneramur in terris, intercessorem habere mereamur in cœlis : Per Dominum.

Devant les Reliques de saint Joachim et sainte Anne.

Ant. Louons cet homme illustre dans sa race; car le Seigneur lui a donné la bénédiction de toutes les nations, et il a confirmé son testament sur sa tête, alleluia.

℣. Sa postérité sera puissante sur la terre, al.

℟. La race des Justes sera bénie, alleluia.

ORAISON.

O Dieu, qui avez choisi le bienheureux Joachim entre tous les Saints pour qu'il devînt le Père de la

Ant. Laudemus virum gloriosum in generatione suâ, quia benedictionem omnium gentium dedit illi Dominus et testamentum suum confirmavit super caput ejus, al.

℟. Potens in terrâ erit semen ejus, alleluia.

℟. Generatio Rectorum benedicetur, allel.

ORATIO.

Deus, qui præ omnibus Sanctis beatum Joachim Genitricis Filii tui patrem esse voluisti, concede, quæsumus, ut Cujus Reliquias veneramur, ejus quoque perpetui patrocinio sentiamus.

Mère de votre Fils, faites, nous vous en prions, que nous éprouvions sans cesse les effets de la protection de Celui dont nous honorons les Reliques.

Deus, qui beatæ Annæ gratiam conferre dignatus es, ut Genitricis unigeniti Filii tui mater effici mereretur; concede propitius, ut cujus Reliquias veneramur, ejus apud te patrocinio adjuvemur : Per Dominum.

O Die , qui avez daigné accorder à sainte Anne la grâce de mettre au monde la Mère de votre Fils unique, faites, dans votre miséricorde, que nous soyons aidés auprès de vous par l'intercession de Celle dont nous honorons les Reliques. Par N. S. J.-C.

Devant les Reliques de saint François d'Assises.

Ant. Hic vir despiciens mundum et terrena triumphans, divitias cœlo condidit ore, manu, alleluia.

Ant. Méprisant le monde et triomphant des pensées terrestres, ce Saint a acquis, par ses paroles et ses actions, un trésor dans le ciel, al.

℣. Justum deduxit Dominus per vias rectas, alleluia.

℣. Le Seigneur a conduit le Juste par des voies droites, alleluia.

℟. Et il lui a fait voir le royaume de Dieu, al.

ORAISON.

O Dieu qui, par les mérites du bienheureux François, avez rendu votre Eglise féconde en nombreux et nouveaux enfants, faites-nous la grâce de mépriser, comme lui, les biens terrestres, et de nous réjouir éternellement dans la participation des dons célestes : Par N. S. J.-C.

℟. Et ostendit illi regnum Dei, alleluia.

ORATIO.

Deus qui Ecclesiam tuam beati Francisci meritis fetu novæ prolis amplificas; tribue nobis ex ejus imitatione terrena despicere et cœlestium donarum semper participatione gaudere. Per Dominum.

Devant les Reliques de sainte Claire.

Ant. Venez, épouse de Jésus-Christ, recevez la couronne que le Seigneur vous a préparée de toute éternité, alleluia.

℣. Parée de votre gloire et de votre beauté, allel.

℟. Apprêtez-vous à combattre, à vaincre et à régner, alleluia.

Ant. Veni, sponsa Christi, accipe coronam quam tibi Dominus præparavit in æternum, alleluia.

℣. Specie tuâ et pulchritudine tuâ, alleluia.

℟. Intende, prosperè procede et regna, allel.

ORATIO.

Exaudi nos, Deus salutaris noster, ut sicut de beatæ Claræ Virginis tuæ, memoriâ gaudemus, ita piæ devotionis erudiamur affectu : Per Dominum.

ORAISON.

Exaucez-nous, ô Dieu notre Sauveur, afin que, comme la mémoire de votre Vierge sainte Claire nous donne de la joie, nous recevions aussi la ferveur d'une sainte dévotion : Par N. S. J.-C.

Devant des Reliquaires contenant des Reliques de saint Antoine de Padoue, saint Bernardin de Sienne, saint Didace, saint Henri, sainte Madeleine de Pazzy, sainte Agnès et beaucoup d'autres Saints, et particulièrement des Saints et Saintes des trois ordres franciscains.

Ant. Corpora Sanctorum in pace sepulta sunt, et vivent nomina eorum in æternum, alleluia.

℣. Lætamini in Domino et exultate, Justi, alleluia.

℟. Et gloriamini, omnes recti corde, alleluia.

Ant. Les corps des Saints reposent en paix, et leurs noms vivront éternellement, alleluia.

℣. Justes, réjouissez-vous dans le Seigneur et tressaillez d'allégresse, alleluia.

℟. Glorifiez-vous en lui, vous tous qui avez le cœur droit, alleluia.

ORAISON.

Seigneur, qui opérez des prodiges par les Reliques de vos Saints, augmentez en nous la foi en la résurrection, et rendez-nous participants de cette gloire immortelle dont nous honorons les gages dans leurs cendres : Par N. S. J.-C.

ORATIO.

Auge in nobis, Domine, resurrectionis fidem, qui in Sanctorum tuorum Reliquiis mirabilia operaris; et fac nos immortalitatis gloriæ participes, cujus in eorum cineribus pignora veneramur. Per Dominum.

DANS LA VILLE DE SAINT-LÉONARD.

DANS L'ÉGLISE PAROISSIALE.

Pour adorer le très-saint Sacrement.

Adorons avec un profond respect un Sacrement si digne de nos hommages; que l'ancien précepte cède au nouveau et que la foi supplée à la faiblesse de nos sens. Ainsi soit-il.

Tantum ergo Sacramentum
Veneremur cernui,
Et antiquum documentum
Novo cedat ritui,
Præstet fides supplementum
Sensuum defectui Amen.

Devant le Corps de saint Léonard, Confesseur.

Ant. O Salvator captivorum, et Confractor carcerum, Leonarde, posce nobis veniam peccaminum, alleluia.

℣. Justum deduxit Dominus per vias rectas, al.

℟. Et ostendit illi regnum Dei, alleluia.

ORATIO.

Deus, qui singularem in liberandis captivis gratiam beato Leonardo contulisti; concede propitius ut, illius intercedentibus meritis, à cunctis vitiorum vinculis soluti, perfectam libertatem consequamur : Per Dominum.

Ant. O Sauveur des captifs, qui ouvrez les prisons, Léonard, obtenez-nous le pardon de nos péchés, alleluia.

℣. Le Seigneur a conduit le Juste par des voies droites, alleluia.

℟. Il lui a montré le royaume de Dieu, allel.

ORAISON.

O Dieu, qui avez accordé à saint Léonard une grâce spéciale pour la délivrance des captifs, daignez, par l'intercession de ses mérites, nous dégager de tous liens des vices, afin que nous acquérions une parfaite liberté : Par N. S. J.-C.

Devant les Reliques de saint Mathieu, Evêque et Martyr, saint Rustique, saint Achaïe, Martyrs.

Ant. Une lumière éternelle éclairera vos Saints, Seigneur, et la mesure de leur bonheur sera l'éternité, allelu a.

℣. Saints et Justes, réjouissez-vous dans le Seigneur, alleluia.

℟. Dieu vous a choisis pour son héritage, allel.

ORAISON.

O Dieu, qui nous accordez d'honorer les Reliques de vos saints Martyrs Mathieu, Rustique, Achaïe, faites-nous jouir avec eux de la félicité éternelle. Par N. S. J. C.

Ant. Lux perpetua lucebit Sanctis tuis, Domine, et æternitas temporum, alleluia.

℣. Sancti et Justi, in Domino gaudete, allel.

℟. Vos elegit Deus in hæreditatem sibi, allel.

ORATIO.

Deus, qui nos concedis sanctorum Martyrum tuorum Mathæi, Rustici, Achaii Reliquias colere, da nobis in æternâ beatitudine de eorum societate gaudere. Per Dominum.

Devant les Reliques de sainte Victoire, sainte Seconde, sainte Abondance, Vierges et Martyres.

Ant. Vierges sages, préparez vos lampes :

Ant. Prudentes Virgines, aptate lampades vestras : ecce Sponsus venit, exite obviam ei, alleluia.

℣. Adducentur Regi Virgines post eam, alleluia.

℟. Proximæ ejus afferentur tibi, alleluia.

ORATIO.

Da, quæsumus, Domine Deus noster sanctarum Virginum et Martyrum tuarum Victoriæ, Secundæ, Abundantiæ palmas incessabili devotione venerari, ut quas digna mente non possumus celebrare, humilibus saltem frequentemus obsequiis. Per Dominum.

voici l'époux qui vient, allez au-devant de lui, alleluia.

℣. A sa suite les Vierges seront amenées au Roi, alleluia.

℟. Ses compagnes vous seront présentées, Seigneur, alleluia.

ORAISON.

Accordez-nous, Seigneur notre Dieu, nous vous en supplions, la grâce d'honorer avec une constante piété les triomphes de vos saintes Vierges et Martyres Victoire, Seconde, Abondance, afin que si nous ne pouvons célébrer dignement leurs louanges, nous leur offrions du moins nos humbles hommages. Par N. S. J.-C.

DANS LA CHAPELLE DES FILLES DE NOTRE DAME.

Pour adorer le très-saint Sacrement.

O Victime salutaire, qui nous ouvrez le ciel ; l'ennemi nous livre de rudes combats : fortifiez-nous contre ses attaques et prêtez-nous votre secours.

O salutaris hostia,
Quæ cœli pandis ostium !
Bella premunt hostilia,
Da robur, fer auxilium.

Devant la Relique de la vraie Croix.

O Croix, notre unique espérance ! toi qui nous conduis aux joies pascales, accrois la grâce dans le juste, efface le crime du pécheur.

O Crux, ave, spes unica,
Paschale quæ fers gaudium,
Piis adauge gratiam
Reisque dele crimina.

Devant le bras de saint Léonard, Confesseur.

Ant. O Sauveur des captifs, qui ouvrez les prisons, Léonard, obtenez-nous le pardon de nos péchés, alleluia.

Ant. O Salvator captivorum, et Confractor carcerum, Leonarde, posce nobis veniam peccaminum, alleluia.

Ant. Justum deduxit Dominus per vias rectas, alleluia.

℟. Es otendit illi regnum Dei, alleluia.

ORATIO.

Deus, qui singularem in liberandis captivis gratiam beato Leonardo contulisti ; concede propitius ut, illius intercedentibus meritis, a cunctis vitiorum vinculis soluti, perfectam libertatem consequamur. Per Dominum.

℣. Le Seigneur a conduit le Juste par des voies droites, alleluia.

℟. Il lui a montré le royaume de Dieu, allel.

ORAISON.

O Dieu, qui avez accordé à saint Léonard une grâce spéciale pour la délivranee des captifs, daignez, par l'intercession de ses mérites, nous dégager de tous liens des vices, afin que nous acquér.ons une parfaite liberté. Par N. S. J.-C.

Devant la Relique de saint Martial, Apôtre.

Ant. O Pastor egreg.el ô speculum Præsulum, ô Martialis, Doctor et Dux Aquitaniæ, susc.pe preces te deprecantium, et interce.!e pro salute omni m, alleluia.

℣. Ora pro nobis, beate Martialis, alleluia.

Ant. O l'élite des Pasteurs ! ô le miroir des Prélats ! ô Martial, Docteur et Guide de l'Aquitaine, recevez les prières de ceux qui vous invoquent, et intercédez pour le salut de tous, alleluia.

℣. Priez pour nous, bienheureux Martial, al.

℟. Afin que nous devenions dignes des promesses de Jésus-Christ, alleluia.

℟. Ut digni efficiamur promissionibus Christi, alleluia.

ORAISON.

Dieu tout-puissant et éternel, qui avez appelé au gouvernement de votre sainte Eglise le bienheureux Martial, daignez, en considération de ses mérites, faire descendre sur nous les effets de sa miséricorde. Par N. S. J.-C.

ORATIO.

Omnipotens sempiterne Deus, qui beatum Martialem Apostolum, Ecclesiæ tuæ sanctæ præesse voluisti, quæsumus ut nobis, ejus suffragantibus meritis, pietatis tuæ gratiam largiaris. Per Dominum.

Devant la Relique de sainte Valérie, Vierge et Martyre.

Ant. Oh ! que vous êtes digne de gloire, bienheureuse Valérie, qui avez rejeté la main du duc Etienne pour vous attacher, par le vœu de la virginité, au Christ, époux des Vierges, allel.

℣. Priez pour nous, sainte Valérie, alleluia.

Ant. O quàm glorificanda est, beata Valeria, quæ ducem Stephanum respuisti, dùm Christo, Virginum sponso, virginitatem vovens, adhæsisti, alleluia.

℣. Ora pro nobis, beata Valeria, alleluia.

℣. Ut digni efficiamur promissionibus Christi, alleluia.

℟. Afin que nous devenions dignes des promessses de J.-C., al.

ORATIO.

Omnipotens sempiterne Deus, qui beatam Valeriam, Virginem tuam, per martyrii palmam cælestem fecisti conscendere gloriam, da nobis, ejus suffragantibus meritis, cunctorum veniam delictorum, ut ad ejusdem pertingere consortium. Per Dominum.

ORAISON.

Dieu tout-puissant et éternel, qui, par la palme du martyr, avez appelé à la gloire céleste sainte Valérie, votre Vierge, daignez, en considération de ses mérites, nous accorder le pardon de nos fautes, afin que nous méritions de partager son bonheur. Par N. S. J.-C.

Devant le chef de saint Aimé, et devant les Reliques de saint Théodore, saint Prosper, saint Justin, saint Quinctien, saint Adorateur, sainte Augusta, sainte Félicienne, sainte Libérate, Martyrs.

Ant. Filiæ Jerusalem, venite et videte Martyres cum coronis quibus coronavit eos Dominus in die solemnitatis et lætitiæ, alleluia, allel.

Ant. Filles de Jérusalem, venez voir les Martyres avec les diadèmes dont le Seigneur les a couronnés au jour de fête et de joie, alleluia, alleluia.

℣. Pretiosa in cons-

℣. La mort des Saints

du Seigneur, alleluia.

℟. Est précieuse devant lui, alleluia.

ORAISON.

O Dieu qui nous accordez d'honorer les Reliques de vos Saints et Saintes martyrs, faites-nous jouir en leur compagnie du bonheur éternel. Par N. S. J.-C.

pectu Domini, alleluia.

℟. Mors Sanctorum ejus, alleluia.

ORATIO.

Deus, qui nos concedis tuorum Sanctorum et Sanctarum Martyrum Reliquias colere, da nobis in æternâ beatitudine de eorum societate gaudere. Per Dominum.

Devant les Reliques de saint Rorice, saint Asclèpe, saint Sacerdos, Évêques de Limoges.

Ant. Prêtres et Pontifes qui avez tant opéré de merveilles, bons Pasteurs qui avez si bien gouverné votre peuple, priez le Seigneur pour nous, alleluia.

℣. Le Seigneur les a aimés et les a revêtus d'honneur, alleluia.

℟. Il leur a donné un vêtement de gloire, al.

ORAISON.

Faites, ô Dieu tout-

Ant. Sacerdotes et Pontifices et virtutum opifices, Pastores boni in populo, orate pro nobis Dominum, alleluia.

℣. Amavit eos Dominus et ornavit eos, allel.

℟. Stolam gloriæ induit eos, alleluia.

ORATIO.

Da, quæsumus, omnipotens Deus, beatorum Confessorum tuorum atque Pontificum memoria et devotionem augeat et salutem. Per Dominum.

puissant, que la mémoire de vos Saints confesseurs et Pontifes augmente en nous l'esprit de piété et le désir de notre salut. Par N. S. J.-C.

Devant les Reliques de saint Autriclinien, saint Alpinien, saint Nice, saint Junien, saint Amand, saint Psalmet, saint Etienne de Muret, saint Victurnien, saint Israël, saint Théolbald, saint Just, saint Gaucher, saint Marien, saint Vaulry, Confesseurs.

Ant. Euge, servi boni et fideles ! quia in pauca fuistis fideles, supra multa vos constituam : intrate in gaudium Domini tui, alleluia.

Ant. Courage, bons et fidèles Serviteurs ! parce que vous avez été fidèles en de petites choses, je vous établierai sur de grandes : entrez dans la joie du Seigneur, allel.

℣. Justos deduxit Dominus per vias rectas, alleluia.

℟. Et ostendit illis regnum Dei, alleluia.

℣. Le Seigneur a conduit les Justes par des voies droites, alleluia.

℟. Et il leur a montré le royaume de Dieu, alleluia.

ORAISON.

Seigneur, écoutez favorablement nos supplications que nous vous adressons en l'honneur de vos saints Confesseurs, afin que ne mettant point notre confiance dans notre justice, nous soyons secourus par les prières de ceux qui vous sont agréables. Par N. S. J.-C.

ORATIO.

Adesto, Domine, supplicationibus nostris quas in beatorum Confessorum tuorum honore deferimus, ut qui nostræ justitiæ fiduciam non habemus, eorum qui tibi placuerunt precibus adjuvemur. Per Dominum.

DANS LA CHAPELLE DE L'HOSPICE.

Pour adorer le très-saint Sacrement.

Adorons à jamais le très-saint Sacrement de l'autel.

Adoremus in æternum sanctissimum Sacramentum.

Devant le Chef de sainte Clémence, Martyre.

Ant. Venez, épouse de Jésus-Christ, recevez la couronne que le Seigneur vous a préparée de toute éternité, allel.

Ant. Veni, sponsa Christi, accipe coronam quam tibi Dominus præparavit in æternum, alleluia.

℣. Diffusa est gratia in labiis tuis, alleluia.

℟. Propterea benedixit te Deus in æternum, alleluia.

℣. La grâce est répandue sur vos lèvres, allel.

℟. C'est pour cela que Dieu vous a bénie pour l'éternité, alleluia.

ORATIO.

Indulgentiam nobis, quæsumus, Domine, beata Clementia, Virgo et Martyr, imploret; quæ tibi grata semper extitit et merito castitatis et tuæ professione virtutis. Per Dominum.

ORAISON.

Que la bienheureuse Clémence, Vierge et Martyre, implore pour nous votre miséricordre. Seigneur, elle qui vous a toujours été agréable par le mérite de la chasteté et par le courage qu'elle a reçu de vous. Par N. S. J.-C.

Devant la Relique de saint Alexis, Confesseur.

Ant. Hic vir, despiciens mundum et terrena triumphans, divitias cœlo condidit ore, manu, alleluia.

℣. Os Justi meditabitur sapientiam, alleluia.

℟. Et lingua ejus loquetur judicium, allel.

Ant. Méprisant le monde et triomphant des choses terrestres, ce Saint a acquis un trésor dans le ciel par ses paroles et par ses actions, al.

℣. La bouche du Juste annoncera la sagesse, al.

℟. Et sa langue redira la justice, alleluia.

ORAISON.

O Dieu, qui nous réjouissez par la mémoire de votre Confesseur saint Alexis, faites, s'il vous plaît, que nous imitions les actions de celui dont nous honorons les Reliques. Par N. S. J.-C.

ORATIO.

Deus, qui nos beati Alexii, Confessoris tui, memoriâ lætificas, concede propitius, ut cujus Reliquias colimus actiones imitemur. Per Dominum.

Devant la Relique de saint Austriclinien, Confesseur, compagnon de saint Martial.

Ant. Je le comparerai à un homme sage, qui a bâti sa maison sur la pierre, alleluia.

℣. Le Seigneur l'a aimé et la revêtu de gloire, alleluia.

℟. Il lui a donné un vêtement de gloire, allel.

Ant. Similabo eum viro sapienti qui ædificavit domum suam supra petram, alleluia.

℣. Amavit eum Dominus, et ornavit eum, alleluia.

℟. Stolam gloriæ induit eum, alleluia.

ORAISON.

O Dieu, qui avez honoré le bienheureux Austriclinien, votre Confesseur, de la dignité du Sacerdoce, du titre glorieux de Disciple d'Apôtre et des grâces de la

ORATIO.

Deus, qui de beatum Austriclinianum, Confessorem tuam, dignitate Sacerdotis, gloriâ Discupulatus Apostolici, ac Sanctitatis muneribus adornâsti; Ecclesiam tuam continuâ fac celebritate lætari, ut ejus precibus muniatur cujus Reliquiis gloriatur. Per Dominum.

sainteté, faites que votre Eglise mette sa joie à célébrer sans cesse sa mémoire, afin qu'en honorant ses Reliques, elle trouve l'appui de ses prières. Par N. S. J.-C.

DANS LA VILLE D'EYMOUTIERS.

DANS L'ÉGLISE PAROISSIALE.

Pour adorer le très-saint Sacrement.

O salutaris Hostia
Quæ cœli pandis ostium !
Bella premunt hostilia,
Da robur, fer auxilium.
Amen.

O Victime salutaire, qui nous ouvrez le ciel, l'ennemi nous livre de rudes combats : fortifiez-nous contre ses attaques, prêtez-nous votre secours. Ainsi soit-il.

Devant la Relique de saint Etienne, premier Martyr.

Ant. Stephanus autem, plenus gratiâ et fortitudine, faciebat sig-

Ant. Or, Etienne, plein de grâce et de force, faisait de grands miracles et de grands prodiges parmi le peuple, alleluia.

℣. Des hommes craignant Dieu ensevelirent Etienne, alleluia

℟. Et ils firent ses funérailles avec un grand deuil, alleluia.

ORAISON.

Seigneur, faites-nous la grâce de suivre l'exemple qui nous est proposé, afin que nous apprenions à aimer nos ennemis, en honorant les Reliques de Celui qui a prié pour ses persécuteurs N. S. J.-C., votre Fils, qui vit et règne, etc.

na magna in populo, alleluia.

℣. Sepelierunt Stephanum viri timorati, alleluia.

℟. Et fecerunt planctum magnum super eum, alleluia.

ORATIO.

Da nobis, quæsumus, Domine, imitari quod colimus, ut discamus et inimicos diligere : quia ejus Reliquias celebramus, qui novit etiam pro persecutoribus exorare Dominum nostrum Jesum Christum, qui vivit et regnat, etc.

Devant le Corps de saint Psalmet, Confesseur.

Ant. Méprisant le monde et triomphant des pensées terrestres, ce Saint a acquis, par ses paroles et ses actions un trésor dans le ciel, alleluia.

Ant. Hic vir, despiceins mundum et terrena triumphans, divitias cœlo condidit ore, manu, alleluia.

℣. Justum deduxit Dominus per vias rectas, alleluia.

℟. Et ostendit illi regnum Dei, alleluia.

ORATIO.

Da nobis, quæsumus, Domine, spiritum cui beatus Psalmodius servivit : ut, eodem repleti, debitas tibi laudes devotè persolvamus, et, hujus mundi caduca spernentes, ad bona cœlestia jugiter aspiremus. Per Dominum.

℣. Le Seigneur a conduit le Juste par des voies droites, alleluia.

℟. Il lui a fait voir le ryaume de Dieu, allel.

ORAISON.

Seigneur, donnez-nous l'esprit dont le bienheureux Psalmet suivit les inspirations, afin que, remplis de ce même esprit, nous vous payions avec piété un juste tribut du louanges, et que, méprisant les biens périssables de ce monde, nous aspirions toujours vers ceux du ciel : Par N. S. J.-C.

Devant le Chef de saint Benoît, Martyr.

Ant. Qui vult venire post me abneget semetipsum, et tollat crucem suam et sequatur me, alleluia.

℣. Justus ut palma florebit, alleluia.

Ant. Que celui qui veut venir après moi renonce à soi-même, porte sa croix et me suive, alleluia.

℣. Le juste fleurira comme le palmier, all.

℟. Il croîtra comme le cèdre du Liban, all.

℟. Sicut cedrus Libani multiplicabitur, all.

ORAISON.

Faites, s'il vous plaît, Dieu tout-puissant, que, par l'intercession du bienheureux Benoît, votre Martyr, nos corps soient délivrés de toutes sortes d'adversités, et nos âmes purifiées de toutes mauvaises pensées. Par N. S. J.-C.

ORATIO.

Præsta, quæsumus, omnipotens Deus, ut intercedente beato Benedicto, Martyre tuo, et à cunctis adversitatibus liberemur corpore et à pravis cogitationibus mundemur in mente. Per Dominum.

Devant les Reliques de saint Georges, saint Modeste, saint Verecund, saint Vital, saint Constance, saint Prosper, saint Severus, saint Réparat, saint Aimé, Martyrs.

Ant. Le royaume des cieux appartient à ceux qui ont méprisé la vie de ce monde, et qui sont parvenus à obtenir les récompenses éternelles, après avoir lavé leur robe dans le sang de l'Agneau, alleluia.

Ant. Istorum est enim regnum cœlorum qui contempserunt vitam mundi et pervenerunt ad præmia regni et laverunt stolas suas in sanguine Agni, alleluia.

℣. Justes, réjouissez-

℣. Lætamini in Domino et exultate, Justi, alleluia.

℟. Et gloriamini, omnes recti corde, alleluia.

ORATIO.

Deus, qui glorificaris in concilio sanctorum Martyrum tuorum, respice ad preces humilitatis nostræ; ut quorum Reliquias colimus, eorum precibus adjuvari mereamur. Per Dominum.

vous dans le Seigneur et tressaillez d'allégrese, alleluia.

℟. Glorifiez-vous en lui, vous tous qui avez le cœur droit, alleluia.

ORAISON,

O Dieu, qui êtes glorifié dans l'assemblée de vos saints Martyrs, faites, nous vous en supplions humblement, que nous méritions la protection de ceux dont nous honorons les Reliques. Par N. S. J.-C.

Devant les Reliques de sainte Ursule et de ses Compagnes.

Ant. Prudentes Virgines, aptate lampades estras : ecce Sponsus venit, exite obviam ei, alleluia.

℣. Adducentur Regi virgines post eam, alleluia.

℟. Proximæ ejus afferentur tibi, alleluia.

Ant. Vierges prudentes, préparez vos lampes : voici l'Époux qui vient, allez au devant de lui, alleluia.

℣. A sa suite les Vierges seront amenées au Roi, alleluia.

℟. Les compagns vous seront présentées, Seigneur, alleluia.

ORAISON.

Accordez-nous, Seigneur notre Dieu, nous vous en supplions, la grâce d'honorer avec une constante piété les triomphes de vos saintes Vierges Ursule et ses Compagnes, afin que si nous ne pouvons célébrer dignement leurs louanges, nous leur offrions du moins nos humbles hommages. Par N. S. J.-C.

ORATIO.

Da nobis, quæsumus, Domine Deus noster, sanctarum Virginum et Martyrum tuarum Ursulæ et Sociarum palmas incessabili devotione venerari : ut quas dignâ mente non possumus celebrari, humilibus saltem frequentemus obsequiis. Per Dominum.

Devant un Reliquaire contenant les Reliques de saint Marc, saint Luc, saint Sébastien, saint Julien, saint Clair, saint Jerôme, saint Vincent de Paul, sainte Catherine, sainte Cécile, sainte Anne, sainte Lucie, sainte Claire.

Ant. Les corps des Saints reposent en paix, et leurs noms vivront éternellement, alleluia.

℣. Justes, réjouissez-vous dans le Seigneur et tressaillez d'allégresse, alleluia.

Ant. Corpora sanctorum in pace sepulta sunt, et vivent nomina eorum in æternum, alleluia.

℣. Lætamini in Domino et exultate Justi, alleluia.

℟. Gloriamini, omnes recti corde, alleluia.

℟. Glorifiez-vous en lui, vous tous qui avez le cœur droit, alleluia.

ORATIO.

Auge in nobis, Domine, resurectionis fidem, qui in Sanctorum tuorum Reliquiis mirabilia operaris ; et fac nos immortalitatis gloriæ participes, cujus in eorum cineribus pignora veneramur. Per Dominum.

ORAISON.

Seigneur, qui opérez des prodiges par les Reliques de vos Saints, augmentez en nous la foi en la résurrection, et rendez-nous participants de cette gloire immortelle dont nous honorons les gages dans leurs cendres. Par N. S. J.-C.

DANS LA CHAPELLE DE L'HOSPICE.

Pour adorer le très-saint Sacrement.

Adoremus in æternum sanctissimus Sacramentum. (Ter).

Adorons à jamais le très-saint Sacrement de l'Autel. (Trois fois).

Devant une Relique de saint Jean-Baptiste.

Ant. Puer qui natus est nobis plus quam propheta est : hic est enim de quo Salvator ait : In-

Ant. L'enfant qui nous est né est plus que prophète : car c'est de lui que le Sauveur a

dit : Parmi les enfants des femmes il n'y en a pas eu de plus grand que Jean Baptiste, allel.

ter natos mulierum non surrexit major Joannes Baptista, alleluia.

℣. Cet enfant sera grand devant le Seigneur, alleluia.

℣. Iste puer magnus coram Domino, alleluia.

℟. Car la main du Seigneur est avec lui, al.

℟. Nam et manus ejus cum ipso est, alleluia.

ORAISON.

Nous vous demandons, Seigneur, que les Reliques de Saint-Jean-Baptiste, votre Précurseur et Martyr, nous obtiennent des grâces efficaces de salut. Vous qui, étant Dieu, vivez, etc.

ORATIO.

Sancti Joannis Baptistæ, Præcursoris et Martyris tui, quæsumus, Domine, venerandæ Reliquiæ salutaris auxilii nobis præstent effectum. Qui vivis, etc.

Devant le Chef de sainte Albine, Compagne de sainte Ursule.

Ant. Venez, épouse de Jésus-Christ, recevez la couronne que le Seigneur vous a préparée de toute éternité, allel.

Ant. Veni, Sponsa, Christi, accipe coronam quam tibi Dominus præparavit in æternum, alleluia.

℣. Parée de votre

℣. Specie tuâ et pulchritudine tuâ, alleluia.

℟. Intende, prosperè procede et regna, allel.

ORATIO.

Da, quæsumus, omnipotens Deus, ut qui beatæ Albinæ, Virginis et Martyris tuæ Reliquias colimus, et memoriâ lætemur et tantæ fidei proficiamus exemplo. Per Dominum.

gloire et de votre beauté, alleluia.

℟. Apprêtez-vous à combattre, à vaincre, et à régner, alleluia.

ORAISON.

Faites, nous vous en prions, Dieu tout-puissant, que, en honorant les Reliques de sainte Albine, votre Vierge et Martyre, nous nous réjouissions de son souvenir, et nous profitions des grands exemples de sa foi. Par N.-S. J.-C.

Devant les Reliques de sainte Essence, sainte Panaphrète, sainte Seconde, sainte Victoire, sainte Anathalie, sainte Exparre, sainte Orthmarie, compagnes de sainte Ursule, Vierges et Martyres.

Ant. Prudentes Virgines, aptate lampades, vestras : ecce Sponsus venit, exite obviam ei, alleluia.

℣. Adducentur Regi Virgines post eam, allel.

Ant. Vierges prudentes, préparez vos lampes : voici l'Epoux qui vient, allez au devant de lui, alleluia.

℣. A sa suite les Vierges seront amenées au Roi, alleluia.

℟. Ses compagnons vous seront présentées, Seigneur, alleluia.

℟. Proximæ ejus afferentur tibi, alleluia.

ORAISON.

Accordez-nous, Seigneur, notre Dieu, nous vous en supplions, la grâce d'honorer, avec une constante piété, les triomphes de vos saintes Vierges Ursule et ses Compagnes, afin que si nous ne pouvons célébrer dignement leurs louanges, nous leur offrions du moins nos humbles louanges. Par N. S. J.-C.

ORATIO.

Da nobis, quæsumus, Domine Deus noster, sanctarum Virginum et Martyrum tuarum Ursulæ et Sociarum palmas incessabili devotione venerari, ut quas dignâ mente non possumus celebrare, humilibus saltem frequentemus obsequiis. Per Dominum.

DANS LA VILLE DE SAINT YRIEIX.

DANS L'EGLISE PAROISSIALE.

Pour adorer le très-saint Sacrement.

Prosterné devant vous, je vous adore, ô Dieu vraiment caché sous ces espèces; mon cœur se

Adoro te devote latens Deitas
Quæ sub his figuris verè latitas;

Tibi se cor meum totum subjicit.
Quia te contemplans totum deficit. Amen.

soumet à vous tout entier, parce qu'en vous contemplant ainsi, il est anéanti. Ainsi soit-il.

Devant la Relique de la vraie Croix.

O Crux, ave, spes unica.
Paschale quæ fers gaudium,
Piis adauge gratiam
Reisque dele crimina.

O Croix notre unique espérance, toi qui nous as conduits aux joies pascales, accrois la grâce dans le juste, efface le crime du pécheur.

Te fons salutis, Trinitas,
Collandet omnis spiritus,
Quibus Crucis victoriam
Largiris adde præmium.
Amen.

Que toute âme vous glorifie, ô Trinité, principe de notre salut, vous nous donnez la victoire par la croix, daignez y ajouter la récompense. Ainsi soit-il.

Devant les Reliques de saint Yrieix, Confesseur.

Ant. Hic vir, despiciens mundum et terrena triumphans, divitias cœlo condidit ore, manu, alleluia.

Ant. Méprisant le monde et triomphant des pensées terrestres, ce Saint a acquis, par ses paroles par ses actions, un trésor dans le ciel, alleluia.

℣. Le Seigneur a conduit le Juste par des voies droites, alleluia.

℟. Il lui a fait voir le royaume de Dieu, allel.

℣. Justum deduxit Dominus per vias rectas, alleluia.

℟. Et ostendit illi regnum Dei, alleluia.

ORAISON.

Seigneur, laissez-vous toucher en notre faveur par la très-pieuse intercession du bienheureux abbé Yrieix, dont la sainteté nous fut merveilleusement signalée par une colombe envoyée du ciel; afin qu'il nous soit donné de faire, par sa protection, ce que nous ne pouvons par nos propres forces : Par N. S. J.-C.

ORATIO.

Piissima nos, quæsumus, Domine, beati Aredii, Abbatis, cujus sanctitatem columba de cœlo delapsa mirabiliter designavit, commendet intercessio ; ut quod nostris viribus non valemus, ejus patrocinio assequamur. Per Dominum.

Devant la Relique de saint Eutrope, Evêque et Martyr.

Ant. Une lumière éternelle éclairera vos Saints, Seigneur. et la mesure de leur gloire sera l'éternité, alleluia.

℣. Saints et Justes,

Ant. Lux perpetua lucebit Sanctis tuis, Domine, et æternitas temporum, alleluia.

℣. Sancti et Justi,

in Domino gaudete, all.

℟. Vos elegit Deus in hæreditatem sibi, allel.

ORATIO.

Deus, qui nos beati Eutropii, Martyris tui atque Pontificis, memoriâ lætificas, concede propitius ut cujus Reliquias colimus, de ejusdem etiam protectione gaudeamus. Per Dominum.

réjouissez-vous dans le Seigneur, alleluia.

℟. Dieu vous a choisi pour son héritage, allel.

ORAISON.

O Dieu, qui nous réjouissez par la mémoire du bienheureux Eutrope, votre Martyr et votre Pontife, faites, par votre bonté, qu'en honorant ses Reliques nous ressentions les effets de sa protection. Par N. S. J.-C.

Devant les Reliques de saint Martin, Evêque de Tours.

Ant O beatum virum, cujus anima paradisum possidet ! undè exultent Angeli, lætentur Archangeli, Chorus Sanctorum proclamat, turba Virginum invitat : Mane nobiscum in æternum, all.

℣. Tu es Sacerdos in æternum, alleluia.

Ant. O bienheureux, l'homme dont l'âme possède le paradis ! Là les Anges tressaillent de joie, les Archanges se réjouissent, le chœur des Saints le proclame avec allégresse, la troupe des Vierges l'escorte en lui disant : Restez éternellement avec nous, allel.

℣. Vous êtes Prêtre pour l'éternité, alleluia.

℟. Selon l'ordre de Melchisedech, alleluia.

ORAISON.

Dieu qui voyez que nous ne saurions subsister par nos propres forces, faites, dans votre bonté, que nous soyons fortifiés par l'intercession de votre Confesseur et Pontife saint Martin contre les maux qui nous environnent. Par N. S. J.-C.

℟. Secundum ordinem Melchisedech, alleluia.

ORATIO.

Deus, qui nos conspicis quia ex nullâ nostrâ virtute subsistimus : concede propitius, ut intercessione beati Martini, Confessoris tui atque Pontificis, contra omnia adversa muniamur. Per Dominum.

Devant les Reliques de saint Brice, Evêque et Confesseur.

Ant. Prêtre et Pontife qui avez opéré tant de merveilles, bon Pasteur qui avez si bien gouverné votre peuple, priez le Seigneur pour nous, alleluia.

℣. Le Seigneur l'a aimé et l'a revêtu d'honneur, alleluia.

℟. Il lui a donné un vêtement de gloire, alell.

Ant. Sacerdos et Pontifex et virtutum opifex, Pastor bone in populo, ora pro nobis Dominum, alleluia.

℣. Amavit eum Dominum, et ornavit eum. alleluia.

℟. Stolam gloriæ induit eum, alleluia.

ORATIO.

Da, quæsumus, omnipotens Deus, ut beati ii, Confessoris tui atque Pontificis veneranda memoria, et devotionem nobis augeat et salutem. Per Dominum.

ORAISON.

Faites, ô Dieu toutpuissant, que la sainte mémoire de votre Confesseur et Pontife saint Brice augmente en nous l'esprit de piété et le désir de notre salut. Par N. S. J.-C.

Devant la Relique de sainte Germaine.

Ant. Veni, sponsa Christi, accipe coronam quam tibi Dominus præparavit in æternum, al.

℣. Specie tuâ et pulchritudine tuâ, alleluia.

℟. Intende, prosperè, procede et regna, allel.

Ant. Venez, épouse de Jésus-Christ, recevez la couronne que le Seigneur vous a préparée de toute éternité, allel.

℣. Parée de votre gloire et de votre beauté, alleluia.

℟. Préparez-vous à combattre, à vaincre et à régner; alleluia.

ORATIO.

Deus, humilium celsitudo, qui beatam Germanam, Virginem tuam, caritatis et patientiæ decore excellere disposuisti, ejus meritis et in-

ORAISON.

O Dieu, qui êtes la gloire des personnes humbles, et qui avez voulu que votre bienheureuse Vierge Germaine vous aimât de toute la force de son âme, et qu'elle se distinguât par une patience à toute épreuve, faites, nous vous en prions, que les tribulations de cette vie nous portent à vous aimer de plus en plus. Par N. S, J.-C.

tercessione concede, ut crucem jugiter ferentes, te semper diligere valeamus. Per Dominum.

DANS LA CHAPELLE VICARIALE.

Devant une Relique de saint Laurent, diacre et Martyr.

Ant. Le bienheureux Laurent, brûlant sur le gril ou il était couché, dit à son impie persécuteur. Ce côté de mon corps est assez rôti, tournez et mangez ; car pour les biens de l'Eglise que vous demandez, ils ont été transportés dans les trésors célestes par les mains des pauvres, all.

℣ Le lévite Laurent a fait une bonne œuvre, alleluia.

Ant. Beatus Laurentius, dùm in craticulâ superpositus ureretur, ad impiissimum tyrannum dixit : Assatum est jam ; versa et manduca : nam facultates Ecclesiæ quas requiris, in cœlestes thesauros manus pauperum deportaverunt, alleluia.

℣. Levita Laurentius bonum opus operatus est, alleluia.

℟. Qui per signum Crucis cœcos illuminavit, alleluia.

℟. Il a rendu la vue à des aveugles par le signe de la croix, alleluia.

ORATIO.

Da nobis, quæsumus, omnipotens Deus, vitiorum nostrorum flammas extinguere, qui beato Laurentio tribuisti tormentorum suorum incendia superare. Per Dominum.

ORAISON.

Eteignez en nous, s'il vous plaît, Seigneur, les flammes de nos passions, vous qui avez donné à saint Laurent la grâce de triompher des flammes de son supplice. Par N. S. J.-C.

DANS L'EGLISE D'AIXE.

Pour adorer le très-saint Sacrement.

O salutaris Hostia,
Quæ cœli pandis ostium!
Bella premunt hostilia,
Da robur, fer auxilium.

O Victime salutaire, qui ouvrez l'entrée du ciel, dans la rude guerre que nous fait l'ennemi, fortifiez nos cœurs, secourez-nous.

Uni trinoque Domino
Sit sempiterna gloria
Qui vitam sine termino
Nobis donet in patriâ.
Amen.

Gloire éternelle au Dieu unique en trois personnes : qu'il daigne nous donner la vie éternelle dans la céleste patrie. Ainsi soit-il.

Devant la Relique de la vraie Croix.

Salut, ô Croix notre unique espérance, qui portez la joie pascale, faites croître la grâce dans le Juste, effacez le crime du pécheur.

Que toute âme vous glorifie, ô Trinité, principe de notre salut, vous donnez la victoire par la croix : daignez-y ajouter la récompense. Ainsi soit-il.

O Crux, ave, spes unica,
Paschale quæ fers gaudium,
Piis adauge gratiam,
Reisque dele crimina.

Te fons salutis Trinitas,
Collaudet omnis spiritus :
Quibus crucis victoriam
Largiris adde præmium.
Amen.

Devant le Chef de saint Victor, Martyr.

Ant. Que celui qui veut venir après moi renonce à soi-même, porte sa croix et me suive, al.

℣. Le Juste fleurira comme le palmier, allel.

℟. Il croîtra comme le cèdre du Liban, allel.

ORAISON.

Faites, s'il vous plaît, Dieu tout-puissant que, par l'intercession du

Ant. Qui vult venire post me, abneget semetipsum, et tollat crucem suam et sequatur me, al.

℣. Justus ut palma florebit alleluia.

℟. Sicut cedrus Libani multiplicabitur, al.

ORATIO.

Præsta, quæsumus, omnipotens Deus, ut, intercedente beato Victore, Martyre tuo, et à cunctis adversitatibus liberemur in corpore et à praevis cogitationibus mundemur in mente. Per Dominum.

bienheureux Victor, votre Martyr, nos corps soient délivrés de toute adversité et nos âmes purifiées de toutes mauvaises pensées : Par N. S. J.-C.

Devant les Reliques de saint Blaise, Evêque et Martyr, de saint Fidèle, de saint Justin, de saint Hycinthe, de saint Constance, de saint Vincent, de saint Guy, Martyrs.

Ant. Sancti et Justi, in Domino gaudete, alleluia : vos elegit Deus in hæreditatem sibi, alleluia.

℣. Pretiosa in conspectu Domini, alleluia.

℟. Mors Sanctorum ejus, alleluia.

ORATIO.

Infirmitatem nostram respice, omnipotens Deus; et quia pondus propriæ actionis gravat, beatorum Martyrum tuorum Blasii, Fidelis, Justini, Hyacinthi, Cons-

Ant. Saints et Justes, réjouissez-vous dans le Seigneur, alleluia, Dieu vous a choisis pour son héritage, alleluia.

℣. La mort des Saints du Seigneur, alleluia.

℟. Est précieuse devant lui, alleluia.

ORAISON.

Dieu tout-puissant, regardez notre faiblesse, et comme le poids de nos péchés nous accable, fortifiez-nous par l'intercession des bienheureux Blaise, Fidèle, Justin, Hyacinthe, Constance, Vincent et Guy, vos Martyrs : Par N. S. J.-C.

tantii, Vincentii et Viti intercessio gloriosa nos protegat : Per Dominum.

Devant la Relique de saint Alpinien, compagnon de saint Martial.

Ant. Je le comparerai à un homme sage qui a bâti sa maison sur la pierre, alleluia.

℣. Le Seigneur l'a aimé et l'a revêtu d'honneur, alleluia.

℟. Il lui a donné un vêtement de gloire, all.

Ant. Similabo eum viro sapienti qui ædificavit domum suam supra petram, alleluia.

℣. Amavit eum Dominus et ornavit eum, alleluia.

℟. Et stolam gloriæ induit eum, alleluia.

ORAISON.

O Dieu, qui avez honoré le bienheureux Alpinien, votre Confesseur, de la dignité du Sacerdoce, du titre glorieux de Disciple d'Apôtre, et des grâces de la sainteté, faites que votre Eglise mette sa joie à

ORATIO.

Deus qui beatum Alpinianum, Confessorem tuum, dignitate Sacerdotii, gloriâ Discipulatûs Apostolici, ac sanctitatis muneribus adornâsti; Ecclesiam tuam fac celebritate lætari, ut ejus precibus muniatur cujus

Reliquiis gloriatur : Per Dominum.

célébrer sans cesse sa mémoire, afin qu'en glorifiant ses Reliques, elle trouve l'appui de ses prières : Par N. S. J.-C.

Devant les Reliques de saint Roch, Confesseur.

Ant. Hic vir, despiciens mundum et terrena triumphans, divitias cœlo condidit ore, manu, alleluia.

Ant. Méprisant le monde et les choses de la terre, ce Saint a acquis, par ses paroles et ses actions, un trésor dans le ciel, alleluia.

℣. Justum deduxit Dominus per vias rectas, alleluia.

℟. Et ostendit illi regnum Dei, alleluia.

℣. Le Seigneur a conduit le Juste par des voies droites, alleluia.

℟. Et il lui a montré le royaume de Dieu, al.

ORATIO.

Populum tuum, quæsumus, Domine, continuâ pietate custodi, et beati Rochi suffragantibus meritis, ab omni fac animæ et corporis contagione securum : Per Dominum.

ORAISON.

Conservez, nous vous le demandons, Seigneur, votre peuple dans un continuel esprit de piété; et faites, par les mérites et les prières de saint Roch qu'il soit à l'abri de toute contagion de l'âme et du corps : Par N. S. J.-C.

DANS L'EGLISE DE NOTRE DAME D'ARLIQUET.

Pour adorer le très-saint Sacrement.

Adorons à jamais le très-saint Sacrement de l'autel (*trois fois.*)

Adoremus in æternum Sanctissimum Sacramentum (*ter.*)

Devant les Reliques du voile de la Sainte-Vierge.

Ant. Toutes les générations m'appelleront bienheureuse, par ce que Dieu a regardé la bassesse de sa servante, alleluia.

Ant. Beatam me dicent omnes generationes, quia ancillam humilem respexit Deus, alleluia.

℣. Priez pour nous, sainte Mère de Dieu, al.

℣ Ora pro nobis, sancta Dei Genitrix, all.

℟. Afin que nous devenions dignes des promesses de Jésus-Christ, alleluia.

℟ Ut digni efficiamur promissionibus Christi, alleluia.

ORAISON.

Daignez, Seigneur, donner en tous temps à vos serviteurs la santé de l'âme et du corps, et accordez-nous, par l'intercession de la bien-

ORATIO.

Concede nos, famulos tuos, quæsumus, Domine Deus, perpetuâ mentis et corporis sanitate gaudere, et gloriosâ beatæ Mariæ, semper Virginis, intercessione, à presenti liberari tristitiâ et æternâ perfrui lætitia. Per Dominum.

heureuse Marie, toujours Vierge, d'être délivrés des maux de la vie présente et de jouir dans le ciel de l'éternelle félicité. Par N. S. J.-C.

Devant le Corps de saint Fulgence Palmatius, Martyr.

Ant. Qui me confessus fuerit coram hominibus, confitebor et ego coram patre meo, alleluia.

℣. Gloriâ et honore coronâsti eum, Domine, alleluia.

℞. Et constituisti eum super opera manum tuarum, alleluia.

ORATIO.

Deus, qui nos beati Fulgentii Palmatii, Martyris tui, memoriâ lætificas, concede propitius, ut cujus Reliquias colimus, de ejusdem etiam protectione gaudeamus. Per Dominum.

Ant. Celui qui m'aura confessé devant les hommes, je le confesserai aussi devant Dieu, al.

℣. Vous l'avez couronné de gloire et d'honneur, alleluia.

℞. Et vous lui avez donné l'empire sur les œuvres de vos mains,

ORAISON.

O Dieu, qui vous réjouissez par la mémoire du bienheureux Fulgence Palmatius, votre Martyr, faites, par votre bonté, qu'en honorant ses Reliques, nous nous ressentions aussi de sa protection. Par N. S. J.-C.

Devant le corps de saint Honorat, Martyr.

Ant. Celui qui hait son âme en ce monde, la garde pour la vie éternell, alleluia.

℣. Seigneur, vous avez placé sur sa tête, alleluia.

℟. Une couronne de pierres précieuses, all.

ORAISON.

Faites, nous vous en prions Dieu tout-puissant, que par l'intercession de saint Honorat, votre Martyr, dont nous honorons les Reliques, nous soyons fortifiés sur la terre dans l'amour de votre saint nom. Par N. S. J.-C.

Ant. Qui odit animam suam in hoc mundo, in vitam æternam custodit eam, alleluia.

℣. Posuisti, Domine, super caput ejus, allel.

℟. Coronam de lapide pretiosâ, alleluia.

ORATIO.

Præsta, quæsumus, omnipotens Deus, ut qui beati Honorati, Martyris tui, Reliquias colimus, intercessione ejus in tui nominis amore roboremur. Per Dominum.

Devant le corps de saint Anthime, jeune enfant Marthyr.

Ant. Une lumière éternelle éclairera vos Saints, Seigneur, et la mesure de leur bonheur sera l'éternité, alleluia.

Ant. Lux perpetua lucebit Sanctis tuis, Domine, et æternitas temporum, alleluia.

℣. Sancti et Justi, in Domino gaudete, allel.

℟. Vos elegit Deus in hereditatem sibi, allel.

ORATIO.

Præsta, quæsumus, omnipotens Deus ut, intercedente beato Anthimo, Martyre tuo, et à cunctis adversitatibus liberemur in corpore et à pravis cogitationibus mundemur in mente. Per Dominum.

℣. Saints et justes, réjouissez-vous dans le Seigneur, alleluia.

℟. Dieu vous a choisis pour son héritage, allel.

ORAISON.

Faites, s'il vous plaît, Dieu tout-puissant, que, par l'intercession du bienheureux Anthime, votre Martyr, nos corps soient délivrés de toute adversité et nos âmes purifiées de toutes mauvaises pensées. Par N. S. J.-C.

Devant le Corps de sainte Cornélie Vierge et Martyre.

Ant. Veni, sponsa Christi, accipe coronam quam tibi Dominus coronavit in æternum, al.

℣. Specie tuâ et pulchritudine tuâ, alleluia.

℟. Intende, prosperè procede et regna, allel.

Ant. Venez, épouse de Jésus-Christ, recevez la couronne que le Seigneur vous a préparée de toute éternité, alleluia.

℣. Parée de votre gloire et de votre beauté, allel.

℟. Apprêtez-vous à combattre, à vaincre et à régner, alleluia.

ORAISON.

Que la bienheureuse Cornélie, Vierge et Martyre, implore pour nous votre miséricorde, Seigneur, elle qui vous a été toujours agréable par le mérite de la chasteté et par le courage qu'elle a reçu de vous. Par N. S. J.-C.

ORATIO.

Indulgentiam nobis, quæsumus, Domine, beata Cornelia, Virgo, et Martyr, imploret, quæ tibi grata semper extitit et merito castitatis et tuæ professione virtutis. Per Dominum.

Devant un Reliquaire contenant les Reliques des Saints dont on célèbre la fête chaque jour de l'année.

Ant. Vos saints, Seigneur, fleuriront comme le lis, alleluia ; ils seront pour vous comme un parfum délicieux, al.

℣. Une lumière éternelle éclairera vos saints, alleluia.

℟. Et la mesure de leur bonheur sera l'éternité, alleluia.

Ant. Sancti tui, Domine, florebunt sicut lilium, alleluia ; et sicut odor balsami erunt ante te, alleluia.

℣. Lux perpetua lucebit Sanctis tuis, Domine, alleluia.

℟. Et æternitas temporum, alleluia.

ORAISON.

O Dieu qui nous gar-

ORATIO.

Deus, qui nos omnium

beatorum tuorum confessione gloriosâ circumdas et protegis, præsta nobis ex ejus imitatione proficere et oratione fulciri. Per Dominum.

dez et nous protégez par le glorieux triomphe de tous vos Saints, faites-nous la grâce de profiter de leurs exemples et d'être aidés du secours de leurs prières. Par N. S. J.-C.

DANS L'EGLISE DE CHAMBON.

Pour adorer le très-saint Sacrement.

O salutaris hostia,
Quæ cœli pandis ostium,
Bella premunt hostilia,
Da robur, fer auxilium.

O Victime salutaire, qui ouvrez l'entrée du ciel, dans la rude guerre que nous fait l'ennemi, fortifiez nos cœurs, secourez nous.

Uni trinoque Domino
Sit sempiterna gloria,
Qui vitam sine termino
Nobis donet in patriâ.
Amen.

Gloire éternelle au Dieu unique en trois personnes; qu'il daigne nous donner la vie éternelle dans la céleste patrie. Ainsi soit-il.

Devant le Chef de sainte Valérie, Vierge, première Martyre des Gaules.

HYMNE.

Salut, Vierge digne de Dieu! salut, Martyre Valérie! que vos pieuses prières éloignent de nous tout ce qui peut alarmer la conscience.

Auguste Patronne, assistez vos serviteurs, rendez-nous Jésus-Christ favorable, et après avoir obtenu notre pardon, attirez-nous vers le ciel.

Au fils de Celle qui fut toujours Vierge, de même qu'au Père et au Saint-Esprit, au Roi éternel, gloire et bénédiction. Ainsi soit-il.

Ant. O sainte et admirable Vierge Valérie, qui, la première dans les Gaules, avez obtenu la couronne du Martyre, intercédez sans cesse pour nous auprès du Seigneur. Alleluia.

HYMNUS.

Ave, Virgo Deo digna!
Ave, Martyr Valeria!
Tu precibus dele pia
Quæ timet conscientia.

Adesto servis, Domina,
Jesum Christum nobis placa,
Et impetra venia,
Trahe tuos ad supera.

Virginitatis Filio
Sit laus et benedictio,
Cum Patre et Sancto Flamine,
Qui regnat sine tempore.
Amen.

Ant. O sancta et mirabilis Virgo Valeria, quæ in Galliis prima martyrii coronam adepta es, jugi prece intercede pro nobis ad Dominum, alleluia.

℣. Ora pro nobis, beata Valeria, alleluia.

℟. Ut digni efficiamur promissionibus Christi, alleluia.

℣. Priez pour nous, sainte Valérie, alleluia.

℟. Afin que nous devenions dignes des promesses de Jésus-Christ, alleluia.

ORATIO.

Omnipotens sempiterne Deus, qui beatam Valeriam, Virginem tuam, per Martyrii palmam cœlestem fecisti conscendere gloriam, da nobis, ejus suffragantibus meritis, cunctorum veniam delictorum, ut ad ejusdem mereamur pertingere consortium. Per Dominum.

ORAISON.

Dieu tout-puissant et éternel, qui, par la palme du Martyre, avez appelé à la gloire céleste sainte Valérie, votre Vierge, daignez, en considération de ses mérites, nous accorder le pardon de nos fautes, afin que nous méritions de partager un jour son bonheur. Par N. S. J.-C.

DANS L'EGLISE DE NEXON.

Pour adorer le très-saint Sacrement

Adoremus in æternum Sanctissimum Sacramentum (*ter.*)

Adorons à jamais le très-saint Sacrement de l'autel (*trois fois.*)

Devant le Chef de saint Ferréol, Evêque de Limoges.

Ant. Le Seigneur l'a aimé et l'a revêtu d'honneur, il lui a donné un vêtement de gloire, et il l'a couronné à la porte du ciel, alleluia.

℣. Le Seigneur a conduit le Juste par des voies droites, alleluia.

℟. Et il lui a montré le royaume de Dieu, al.

ORAISON.

Nous vous supplions, Seigneur, d'exaucer les prière que nous vous adressons en l'honneur de votre Confesseur et Pontife le bienheureux Ferréol, afin que l'intercession et les mérites de Celui qui vous a si dignement servi puissent obtenir de vous le pardon de nos péchés. Par N. S. J.-C.

Ant. Amavit eum Dominus et ornavit eum : stolam gloriæ induit eum et ad portas paradisi coronavit eum, alleluia.

℣. Justum deduxit Dominus per vias rectas, alleluia.

℟. Et ostendit illi regnum Dei, alleluia.

ORATIO.

Exaudi, quæsumus, Domine, preces nostras quas in beati Ferreoli, Confessoris tui atque Pontificis, honore deferimus, ut qui tibi dignè meruit famulari, ejus intercedentibus meritis, nos absolve peccatis. Per Dominum.

DANS L'EGLISE DU PALAIS.

Pour adorer le très-saint Sacrement.

O salutaris Hostia,
Quæ cœli pandis ostium,
Bella premunt hostilia,
Da robur, fer auxilium.

O Victime salutaire, qui ouvrez l'entrée du ciel, dans la rude guerre que nous fait l'ennemi, fortifiez nos cœurs, secourez-nous.

Uni trinoque Domino
Sit sempiterna gloria,
Qui vitam sine termino
Nobis donet in patriâ.
Amen.

Gloire éternelle au Dieu unique en trois personnes; qu'il daigne nous donner la vie éternelle dans la céleste patrie. Ainsi soit-il.

Devant le Chef de saint Rorice, Evêque de Limoges.

Ant. Amavit eum Dominus et ornavit eum : stolam gloriæ induit eum, et ad portas paradisi coronavit eum, alleluia.

Ant. Le Seigneur l'a aimé et l'a revêtu d'honneur, il lui a donné un vêtement de gloire, et il l'a couronné à la porte du ciel, alleluia.

℣. Justum deduxit per vias rectas, alleluia.

℣. Le Seigneur a conduit le Juste par des voies droites, alleluia.

℟. Et ostendit illi regnum Dei, alleluia.

℣ Et il lui a montré le royaume de Dieu, al.

ORAISON.

Nous vous en supplions, Seigneur, d'examiner les prières que nous vous adressons en l'honneur de votre Confesseur et Pontife le bienheureux Rorice, afin que l'intercession et les mérites de Celui qui vous a si dignement servi puissent obtenir de vous le pardon de nos péchés. Par N. S. J. C.

ORATIO.

Exaudi, quæsumus, Domine, preces nostras quas in beati Roricii, Confessoris tui atque Pontificis, honore deferimus, ut qui tibi dignè meruit famulari, ejus intercedentibus meritis, ab omnibus nos absolve peccatis. Per Dominum.

DANS L'EGLISE DE SAINT JUST.

Pour adorer le très-saint Sacrement

O Victime salutaire, qui ouvrez l'entrée du ciel, dans la rude guerre que nous fait l'ennemi, fortifiez nos cœurs, secourez-nous.

Gloire éternelle au Dieu unique en trois personnes : qu'il daigne

O salutaris Hostia,
Quæ cœli pandis ostium,
Bella premunt hostilia,
Da robur, fer auxilium.

Uni trinoque Domino
Sit sempiterna gloria,
Qui vitam sine termino

Nobis donet in patriâ. Amen.

nous donner la vie éternelle dans la céleste patrie. Ainsi soit-il.

Devant le Chef de saint Just, Confesseur.

Ant. Hic vir, despiciens mundum et terrena triumphans, divitias cœlo condidit ore, manu, alleluia.

℣. Justum deduxit Dominus per vias rectas, alleluia.

℟. Et ostendit illi regnum Dei, alleluia.

ORATIO.

Omnipotens sempiterne Deus qui virtutum meritis et signorum præconiis beatum Justum, Confessorem tuum, decorâsti; concede nobis, quæsumus, ut qui ejus Reliquias colimus, ipsius patrociniis ad vitam perveniamus æternam. Per Dominum.

Ant. Méprisant le monde et les choses de la terre, ce Saint a acquis par ses paroles et ses actions, un trésor dans le ciel, alleluia.

℣. Le Seigneur a conduit le juste par des voies droites, alleluia.

℟. Et il lui a montré le royaume de Dieu, al.

ORAISON.

Dieu tout-puisaant et éternel, qui avez fait éclater en saint Just, votre Confesseur, les mérites des vertus et la gloire des miracles, daignez, par la protection de ce Saint, dont nous honorons les Reliques, nous faire la grâce de parvenir à la vie éternelle : Par N. S. J. C.

DANS L'EGLISE DE SAINT VICTURNIEN.

Pour adorer le très-saint Sacrement.

Adorons à jamais le très-saint Sacrement de l'autel (*trois fois*).

Adoremus in æternum Sanctissimun Sacramentum (*ter*).

Devant le Chef de saint Victurnien, Confesseur.

Ant. Méprisant le monde et les choses de la terre, ce Saint a acquis par ses paroles et ses actions un trésor dans le ciel, alleluia.

℣. Le Seigneur a conduit le Juste par des voies droites, alleluia.

℟ Et il lui a montré le royaume de Dieu ; al.

Ant. Hic vir, despiciens mundum et terrena triumphans, divitias cœlo condidit ore, manu, alleluia.

℣. Justum deduxit Dominus per vias rectas, alleluia.

℟. Et ostendit illi regnum Dei, alleluia.

ORAISON.

O Dieu, qui avez inspiré à saint Victurnien de prendre sagement la fuite pour mettre son salut en sûreté, et de faire le sacrifice de ses biens plutôt que d'être dé-

ORATIO.

Deus, cujus gratiâ beatus Victurnianus, prudenti fugâ saluti suæ consulens, maluit facultatibus suis spoliari quàm Christo ; quæsumus ut, purificatis ab omni terrenorum cupiditate mentibus, te solo divites esse velimus : Per eumdem.

pouillé de Jésus-Christ ; faites-nous la grâce de purifier nos âmes de tout amour des choses terrestres, et de ne vouloir être riches que de vous seul : Par le même J.-C. N. S.

DANS L'EGLISE DE SAINT SYLVESTRE.

Pour adorer le très-saint Sacrement.

Adoremus in æternum sanctissimum Sacramentum (*ter*).

Adorons à jamais le très-saint Sacrement (*trois fois*).

Devant le Chef de saint Etienne de Muret.

Ant. Hic vir, despiciens mundum et terrena triumphans, divitias cœlo condidit ore, manu, alleluia.

Ant. Méprisant le monde et les choses de la terre, ce Saint a acquis par ses paroles et ses actions, un trésor dans le ciel, alleluia.

℣. Justum deduxit Dominus per vias rectas, alleluia.

℣. Le Seigneur a conduit le Juste par des voies droites, alleluia.

℟. Et ostendit illi regnum Dei, allelu a.

℟. Et il lui a montré le royaume de Dieu, allel.

ORAISON.

O Dieu qui nous réjouissez par la mémoire de votre Confesseur le bienheureux Etienne, faites, par votre bonté, qu'en honorant ses reliques, nous imitions sa vie. Par N. S. J.-C.

ORATIO.

Deus, qui nos beati Stephani ; Confessoris tui, memoriâ lætificas, concede propitius, ut cujus Reliquias colimus, etiam actiones imitemur. Per Dominum.

DANS L'EGLISE D'AUREIL.

Pour adorer le très-saint Sacrement.

O Victime salutaire, qui ouvrez l'entrée du ciel, dans la rude guerre que nous fait l'ennemi, fortifiez nos cœurs, secourez-nous.

O salutaris Hostia,
Quæ cœli pandis ostium,
Bella premunt hostilia,
Da robur, fer auxilium.

Gloire au Dieu unique en trois personnes : qu'il daigne nous donner la vie éternelle dans la céleste patrie. Ainsi soit-il.

Uni trinoque Domino
Sit sempiterna gloria,
Qui vitam sine termino
Nobis donet in patriâ.
Amen.

Devant les Reliques de saint Gaucher, Confesseur.

Ant. Méprisant le monde et les choses de la

Ant. Hic vir, despiciens mundum et terrena

triumphans, divitias cœlo condidit ore, manu, alleluia.

terre, ce Saint a acquis par ses paroles et ses actions un trésor dans le ciel, alleluia.

℣. Justum deduxit Dominus per vias rectas, alleluia.

℟. Et ostendit illi regnum Dei, alleluia.

℣. Le Seigneur a conduit le Juste par des voies droites, alleluia.

℟. Et il lui a montré le royaume de Dieu, al.

ORATIO.

Deus, qui nos beati Gaucherii, Confessoris tui, memoriâ lætificas, concede propitius, ut cujus Reliquias colimus, etiam actiones imitemur. Per Dominum.

ORAISON.

O Dieu, qui nous réjouissez par la mémoire de votre Confesseur le bienheureux Gaucher; faites, par votre bonté, qu'en honorant ses Reliques, nous imitions sa vie : Par N. S. J.-C.

DANS L'EGLISE D'EVAUX.

Pour adorer le très-saint Sacrement.

Adoremus in æternum Sanctissimum sacramentum *(ter)*.

Adorons à jamais le très-saint Sacrement de l'autel (*trois fois*).

Devant le Corps de saint Marien, Confesseur.

Ant. Hic vir, despiciens mundum et terrena

Ant. Méprisant le monde et les choses de la

terre, ce Saint a acquis par ses paroles et ses actions un trésor dans le ciel, alleluia.

℣. Le Seigneur a conduit le Juste par des voies droites, alleluia.

℟. Et il lui a montré le royaume de Dieu, al.

ORAISON.

Seigneur, écoutez favorablement les supplications que nous vous adressons en l'honneur du bienheureux Marien, afin que, ne mettant point notre confiance dans notre justice, nous soyons secourus par les prières de Celui qui vous a été agréable. Par N. S. J.-C.

triumphans, divitias cœlo condidit ore, manu, alleluia.

℣. Justum deduxit Dominus per vias rectas, alleluia.

℟. Et ostendit illi regnum Dei, alleluia.

ORATIO.

Adesto, Domine, supplicationibus nostris, quas in beati Mariani, Confessoris tui, honore deferimus, ut qui nostræ justitiæ fiduciam non habemus, ejus qui tibi placuit, precibus adjuvemur. Per Dominum.

DANS L'EGLISE DE SAINT VAULRY.

Pour adorer le très-saint Sacrement.

O salutaris Hostia,
Quæ cœli paudis ostium,
Bella premunt hostilia,
Da robur, fer auxilium.

O Victime salutaire, qui ouvrez l'entrée du ciel, dans la rude guerre que nous fait l'ennemi, fortifiez nos cœurs, secourez-nous.

Uni trinoque Domino
Sit sempiterna gloria,
Qui vitam sine termino.
Nobis donet in patriâ.
Amen.

Gloire éternelle au Dieu unique en trois personnes; qu'il daigne nous donner la vie éternelle dans la céleste patrie. Ainsi soit-il.

Devant les Reliques de saint Vaulry.

Ant. Hic vir, despiciens mundum et terrena triumphans, divitias cœlo condidit ore, manu, alleluia.

Ant. Méprisant le monde et les choses de la terre, ce Saint a acquis, par ses paroles et ses actions, un trésor dans le ciel, alleluia.

℣. Justum deduxit Dominus per vias rectas, alleluia.

℣ Le Seigneur a conduit le juste par des voies droites, alleluia.

℟ Et il lui a montré le royaume de Dieu, al.

ORAISON.

O Dieu, qui nous réjouissez par la mémoire de votre Confesseur le bienheureux Vaulry, faites, par votre bonté, qu'en honorant ses Reliques, nous imitions sa vie. Par N. S. J.-C.

℟ Et ostendit illi regnum Dei, alleluia.

ORATIO

Deus, qui nos beati Valerici, Confessoris tui, memoriâ lætificas, concede propitius, ut cujus Reliquias colimus, etiam actiones imitemur. Per Dominum.

TABLE DES MATIÈRES.

Limoges. — Barbou frères, imprimeurs-libraires.

www.ingramcontent.com/pod-product-compliance
Ingram Content Group UK Ltd.
Pitfield, Milton Keynes, MK11 3LW, UK
UKHW022006170726
13837UKWH00001B/25

9 782019 963781